이미지와
함께 걷기

이미지와 함께 걷기

김서라 이미지비평

광주의 이미지들 길에서 수집한

민음사

들어가며

글을 쓰는 동안 도저히 잊히지 않던 이미지가 있다. 붉은
토사와 건물 잔해가 도로로 쏟아져 내린 처참한 풍경.
23층부터 38층까지 한쪽 귀퉁이가 무너져 내린 아파트.
2021년과 2022년에 학동과 화정동에서 일어난 붕괴
사고의 이미지다. 학동에서 처음 참사가 일어났을 때
나는 《릿터》에 '광주 2순환도로'라는 주제로 에세이를
막 연재하고 있었다. 2년이 지났고 나는 붕괴 이전과
달라지지 않은 일상을 살고 있지만, 그 이미지는 쉽게 잊을
수 없었다. 도시라는 스크린 위에 언제든 다시 상영될 수
있는 필름처럼 뇌리에 박혀 버린 탓이다. 다른 이들도
아직 그 이미지를 잊지 않았다면, 광주가 표상하는 인권과
민주주의, 문화예술의 도시라는 구호는 이미 설득력을
잃었을 공산이 크다. 우리는 판촉 뒤에서 벌어지던 일을
뒤늦게 목도한 셈이다.

    1994년과 1995년 성수대교와 삼풍백화점이 무너진
참사 이후, 붕괴는 이제 지역에서 다시 연달아 발생하고
있다. 붕괴의 원인을 개인의 비리와 관리 부실로만

환원할 일은 아니다. 사고의 요인들을 차곡차곡 쌓아
올린 큰 순환과 흐름이 있다. 1990년대부터 지자체들은
본격적으로 재건축과 재개발의 규제들을 풀어 왔다.
도시의 공공 공간들이 구조조정되고 도시의 인프라를
건설하는 큰 사업이 민간의 손에 쥐어졌다. 도시의
용적률을 높이고 효율적으로 재배치해서 끝없는 경제
성장에 동원하기 위해서였다. 광주 2순환도로가 민자
유치 사업으로 지어진 것도 그때였다. 규제가 느슨해지자
기업들은 손실을 공공에 부과하거나 문제가 나도 책임지지
않았다. 결과는 두 참사가 보여 준다. 규제완화는 현재
진행 중이고 업체에 대한 감시가 잘되고 있는지는 확인할
길이 없으므로 참사가 재발하지 않는다는 보증은 없다.

　　　광주 학동과 화정동에서 일어난 참사가 장소의
공공성을 끊임없이 환전하고 내달려 온 결과라면,
도시공간은 갈수록 더 유폐되고 상품화될 것이다. 위험에
처한 도시의 공공성을 뒷전에 둔 채 광주는 민주주의와
인권의 도시라고 위안할 수는 없다. 그렇다고 지나치게
비관하는 일도 광주에서 여전히 살아가고 있는 사람들의
이야기와 이곳에서의 내 일상을 없는 것 취급하는 셈이다.
이 딜레마 속에서 돌아보건대, 비관적 전망은 그간 광주에
대한 나의 생각이 얼마나 추상적이었는지와 비례했다.
내가 나고 자란 지역에 본격적으로 관심을 가지기 전에
나에게 떠오르는 광주의 이미지는 단조로웠다. 민주주의의

고장, 5·18이 일어난 항쟁의 도시. 하지만 이 이미지는
도시의 구체적 일상을 보여 주지 않았다. 나는 그 구체적
일상 속에 또 다른 광주의 이미지가 있다고 믿었지만 이
글을 쓰면서 많이 헤매야 했고 내 둔감함을 원망해야 했다.

다행히 독립 연구 단체 '광주모더니즘'에서 지역의
사회운동, 문화예술 현장에서 일하고 활동하는 동료들을
만나 서로의 근황을 묻고 이야기하면서 길을 찾을
수 있었다. 우리가 일상에서 마주치는 모순이 광주와
연결되어 있다는 감각에서 시작해 서로를 공부하기
시작했다. 그리고 2021년《한겨레》칼럼 「한반의 반도」를
함께 쓰기에 이르렀다. 「한반의 반도」는 부산과 광주의
이야기를 번갈아 담는 기획 칼럼이었다. 2021년에
《한겨레》가 칼럼니스트를 공모했고, 여기에 광주의
연구자, 작가, 활동가 중심으로 만들어진 독립 연구 단체
광주모더니즘이 선정되었다. 우리는 광주와 전남에 사는
청년, 이주자 그리고 여성의 시선으로 광주에 대한 글을 써
냈다. 작업을 하면서 서로 많은 이야기를 나누었다. 광주에
온 이주자는 5·18을 듣고 배워야 하지 섣불리 말해선 안
되는 위치에 있었고, 난무하는 도시개발은 장소에 기입된
기억들을 망실시켰으며, 지자체는 '인권 도시'라는 이름
아래 작품을 검열하거나 부조리한 사건을 은폐하곤 했다는
이야기들이었다.

이 경험은 지역에 대한 내 시각을 변화시켰다.

연구실과 집을 오가며 원고를 쓰고 공부하는 일상의 큰
틀은 변하지 않았지만 내 삶이 이 지역에 뿌리를 두고
있다는 사실을 실감할 수 있었다. 뿌리를 두고 있다는
말은 내 현 상황과 위치가 이 지역, 광주라는 도시와 따로
떨어져 있을 수 없다는 의미다. 나는 계약직으로 일하거나
원고료를 받아 생존한다. 연구자 그리고 비평가로
살아가기로 한 사람들이라면 대개 이런 척박한 조건을
마주한다. 여기서 묻게 된다. 이 조건에서도 나는 연구자로
살아가야 하는 것일까? 더구나 지역의 연구자로 살아가는
사람들에게는 고민이 또 하나 추가되는 셈이다. 어떻게
이곳 광주에서 연구자로 살아갈 수 있을까? 그 고민이
내가 그동안 잃어버리고 있었던 일상의 눈으로 광주가
어떤 도시인지를 질문하게 만들었다. 그 질문과 함께 이
비평적 에세이들을 엮었다. 지역의 연구자이자 비평가로서
내가 사는 광주를 낯설게 바라볼 때, '광주'에 입혀진
이미지 그리고 거기서 이탈하는 이미지들이 나타난다.
'광주'를 이탈해 있지만 오랫동안 이곳에 남아 있었던
이미지는 잊히기 직전의 기억과 이름 없는 존재들 그리고
철거가 확정된 한 공장에도 있었다.
　　　세 편의 원고로 이루어진 1장 '전남의 이미지들'은
전국이 근대화되던 1970년대 광주와 전남을 포섭한
근대적 질서를 재현하는 이미지와 그 질서로부터 이탈하는
이미지를 살핀다. 우리가 보고 들은 광주와 전남의

이미지는 여전히 과거의 영향 속에 있다. 도시와 시골의 위계화된 질서는 반복해서 재현되어 왔고 지방과 시골, 자연의 공원화된 이미지는 그 질서를 내재하고 있다. 당시 광주는 다른 지역들에 비해서 지역의 이미지를 생산해 낼 만한 사진 인프라가 잘 갖추어져 있었다. 1970년대에 《전일그라프》, 《포토전매》라는 사진 잡지가 발간되었고 이경모, 강봉규, 신복진과 같은 유명한 사진가들이 활발하게 활동했다. 이들은 보도사진을 비롯하여 광주, 전남의 산악 사진 같은 자연경관 사진들과 향토적인 이미지를 찍곤 했지만 포착된 것은 근대적 질서 안에 안착한 지역의 이미지였다. 다만 그 가운데 오종태의 사진에서처럼 예기치 못한 이미지가 등장하기도 했다.

그런 우연한 이미지만큼의 희망이 존재한다. 그 희망은 광주에서 살고 있는 사람들에게서도 발견할 수 있다. 2장 '광주 2순환도로'는 이들의 존재와 기억을 의식하면서 쓴 글이다. 1980년 5월에 거리로 나왔던 사람들이 지식인이나 정치인, 지역의 유지가 아니라 일상을 살아가던 평범한 사람들이었듯이, 광주를 떠나지 않고 척박한 가장자리와 보이지 않는 장소에서 생존하는 사람들이 도시의 공공성을 지키고 있다. 이들의 이야기는 은밀한 방식으로만 전달된다. 마치 대리기사가 운전하는 차 안에서 취한 채로 꺼내 놓는 속내처럼, 새로운 땅 위에 그런 이야기들이 매일 흩어지는 중이다. 그렇게 우리는 저마다 도시의 모순과 고통 속에 살아간다. 그리고 모순을 그대로 몸으로 겪으며 사는 사람들이 있다. 철거가 시작된 동네의 도로 가장자리에 선 여성들, 강변에 모여 살았던 넝마주이들, 산 중턱이나 다리 밑에 사는 사람들이다. 그들이 여기 살았다는 이야기는 낙서나 흔적 같은 찰나의 기록이나 사람들의 관심을 잠깐 끌었다가 사라지는 기삿거리로 남아 있을 뿐이다.

　　3장 '방직공장의 가장자리'는 기억에 관한 이야기다. 광주에 남아 있는 가장 오래된 공장인 전방, 일신방직 공장은 곧 철거되고 그 자리에 복합쇼핑몰과 아파트 등이 들어설 예정이다. 모든 장소가 그렇듯 이 도시에 오래 자리한 이 공장은 그저 하나의 부지나 건물 이상의 의미가 있다. 찾아가고 들여다본 그곳은 그저 낡은 공장만은 아니었다. 거기엔 표지판과 기념물로만 환원되지 않는 기억이 켜켜이 쌓여 있다. 이 공장이 사라지고 난 뒤에도 장소의 기억을 가늠할 수 있는 이미지를 수집해 본다. 공장이 다 허물어지더라도 공장의 이미지들은 그 가장자리에 남아 있을 것이다. 이 이미지를 바탕으로 또 다른 기억과 이야기를 수배해 보려고 한다.

　　여기 엮은 글들은 표면적인 광주를 넘어 그 내부에 살아 숨 쉬는 수많은 주체들을 살펴보고자 하는 마음으로 썼다. 광주는 지역의 또 다른 이름이기도 하다. 지역 소멸이나 청년 유출이라는 위기를 도리어 중앙과 지역의 위계를 공고히 만드는 데 보태려는 권력구조 속에서도 잊지 말아야 할 것이 있다. 서울 강남에도 변두리가 있고 용산역에도 노숙자들이 사는 텐트촌이 있듯, 어디에나 '지역'들이 있다. 우리는 그 '지역'과 함께 그리고 그 주변에서 살아가고 있다. 이 글이 지역에서 살아가는 삶에 대해 고민하는 누군가에게 이어져 또 다른 생산이 이루어지기를 바란다.

글을 쓰면서 나도 다른 이들로부터 동력과 생각을 얻지 않은 적이 없었다. 전방과 일신방직의 장소성에 대한 고민은 '202× 여성노동항쟁사: 끝나지 않은 시다의 노래' 공공 예술 프로젝트를 하면서 더 깊어졌다. 함께했던 최하얀 독립 기획자, 박화연 작가에게 고마움을 전한다. 이 프로젝트를 함께한 정유승 작가로부터도 많은 영감을 받았다. 변두리와 공장을 발견하고 기록하는 작업을 하는 김재민이 작가를 만난 건 행운이었다. 김재민이 작가를 따라 리서치를 하면서 광주 외의 다른 지역과 장소들도 감각할 수 있었다. 어렴풋했던 광주에 대한 감각과 질문들은 『아토포스 광주』를 읽고 비로소 명확해졌다. 저자 박구용 선생님께 감사드린다. 같은 연구실을 공유하고 있는 김태준 선배, 임명규 선배와, 동료로서 항상 응원을 보내 준 전남대학교 철학과 정찬혁, 조난주 연구자 모두 고마운 사람들이다. 마지막까지 글을 읽어 준 사회학도 친구 유섭에게도 고맙다. 선배와 동료들이 곁에 있어 준 덕택으로 글을 써낼 용기를 얻을 수 있었다. 부산, 광주를 누비면서 로컬을 생산하기 위한 작업에 몰두하시는 김만석 선생님께 특히 감사를 표한다. 선생님이 아니었더라면 이 글을 시작조차 하지 못했을 것이다. 그동안 글을 기다려 주고 무신경한 오류들이 수두룩한 글을 검토해 준 민음사의 김세영 편집자님과 민음사 편집부에 감사의 인사를 드린다. 마지막으로 광주에서 온 힘으로 삶을 지켜 오신 부모님과 인천에 사는 여동생 사라에게 그동안 표현하지 못했던 사랑과 감사를 전한다.

차례

3장 방직공장의 가장자리

1장

전남의
이미지들

역사의 잔해와 무덤 순례자
—오종태론

> 저것을 어떻게 한다냐
> 다만 하얀 것 위에 하얀 것
> 역사도 전쟁도 파묻어 버린
> 백 년 같은 저 작은 별들을 어떻게 한다냐[1]

전할 수 없는 이미지

누군가에게 말하고 싶은 대상이 사라졌을 때 그것을
말하기란 어렵다. 하물며 사라진 것을 이미지로 전하기란
더더욱 쉽지 않다. 그것은 사실상 불가능에 가까우며, 설령
전할 수 있다고 하더라도 왜곡이나 굴절을 피할 수 없고
심지어 비난의 대상이 될 수 있음을 염두에 두어야만 한다.
가령 어떤 사진가가 이미 사라져 버린 세계를 사진으로
보여 주려고 할 때, 좀체 이미지로 나타낼 수 없는 것을
드러낼 수밖에 없게 '되었다'면 그것이 어떠한 조건 위에서
이루어진 것인지를 들여다보아야 한다. 이를테면 무수한

---

[1] 범대순, 「무등산 눈꽃」, 『무등산』(문학들, 2013), 61쪽.

시체 더미와 잔해들을 자신의 눈으로 오랜 시간 마주한
사진가에게는, 그 순간이 종결되었다고 해도 시신들로
가득한 풍경이 유실되지 못하고 신체화된다. 물론
사진가의 신체화된 풍경은 누구도 볼 수 없으므로, 풍경일
수 없는 풍경이라고 해야 옳을 터이다.

이런 풍경 속에서 사유를 시작한 도미야마
이치로는 시신의 눈을 통해서 죽음을 예감하는 오키나와
사람들을 포착한 바 있다.[2] 죽은 자들 옆에서, 자기에게
엄습할 죽음을 진저리치면서 받아들이는 산 자들의 위치는
죽은 자들의 옆에서만 존재할 수 있는 방식으로 조직된다.
사진가가 죽은 자들을 반복적으로 혹은 강제적으로
집요하게 찍어야 했다면 시신들의 정면에서, 좌우에서,
위아래에서 들여다볼 때, 그는 죽음을 경유해서만 살아
있을 수 있다는 감각을 가졌을 터이다. 따라서 이 풍경을
아로새긴 사진가의 신체적 풍경이란 보여서는 안 될
성질의 것이라고 할 수 있다. 죽은 자들이 아니라면 살아서
기록하는 자신의 존재가 무의미하기라도 한 듯이 말이다.
그러므로 역설적이지만 아무리 전하지 않으려고 해도, 그
사진가는 죽음과 시신의 이미지를 무심결에 드러낼 수밖에
없다.

오종태(1917~2008)는 누구나 흔히 볼 수 있는

[2] 도미야마 이치로, 김우자 외 옮김, 『폭력의 예감』(그린비, 2009).

광주의 풍경들을 찍었지만, 누구도 더 이상 되새김질하지 않는 광주의 역사와 풍경을 기록한 작가다.[3] 모두가 알고 있지만 사실상 아무도 모르는 사진을 남긴 작가라고 해도 좋을 정도로 그에 대한 이해는 전무한 실정이다. 지방 작가나 광주의 초기 사진가 혹은 단체 설립자로 기억되는 그의 사진은 광주의 역사적 풍경을 드러내는 기록 정도로 취급된다. 이 때문에 그의 사진은 역사 아카이브로 광주 풍속을 이해하는 자료 정도로 여겨지며 누구도 사진가가 이를 찍은 이유에 대해서 질문하지 않았다. 질문 자체가

[3] 독립 연구자 김만석은 오종태의 사진을 추적하고 비교하며 그의 작품이 놓인 불안정성을 밝힌다. 2020년 광주영화영상인연대에서 개최한 광주영화포럼 '반딧불 영화들은 소멸했는가?'의 발표 「항아리 필름과 신체 카메라」에서 김만석은 오종태의 작품 「아우슈비츠의 잔해 1」, 「아우슈비츠의 잔해 2」의 생산 연도와 제목을 광주시립미술관과 광주시청각자료실 등 공식적인 기관에서 서로 상이하게 표기하고 있음을 지적한다. 두 작품의 제작 연도는 1960년 혹은 1961년으로 보이고, 처음 작품이 공개된 것은 오종태가 배동신과 함께 순천에서 2인전을 개최하면서였다. 이 작품들은 1964년에 서울 신문회관에서 개최한 「눈 작품 개인전」을 통해 정리되었다가 1987년 두 번째 작품집에서 「조형6-墓(GRAVE)Ⅲ」, 「조형15」로 기록되었으며 1995년 네 번째 사진집에서 '아우슈비츠의 잔해 1'과 '아우슈비츠의 잔해 2'로 제목이 바뀌어 수록된다. 1987년 이전에 붙었던 제목은 확인되지 않지만, 1987년 1월 출판된 사진집에 실린 사진의 제목이 같은 해 6월 항쟁을 거쳐 1995년 광주 학살자 처벌에 대해 논의하던 시기에(1995년 7월 7일 전두환 전 대통령을 포함한 5·18 관련자에 대해 '공소권 없음' 판결이 났고, 사진집은 8월 20일에 인쇄되었다.) '아우슈비츠의 잔해'라 명명되어 출판되었다. 물론 이러한 한국 현대사와의 계기는 우연적이겠지만, 그의 역사적 감각이 사진과 제목을 통해 드러나고 있다는 점이 중요하다. 이 글은 오종태의 작품에 대한 김만석의 분석에 기대고 있다.

오종태, 「조형 6ー墓(Grave) III」(1987)

이 사진은 오종태의 마지막 사진집 『오종태사진집ー무등산, 풍물, 나무,
바위, 눈』(1995)에서 「아우슈비츠의 잔해 1」로 재명명된다.

오종태, 「조형 15」(1987)

이 사진은 오종태의 마지막 사진집 『오종태사진집―무등산, 풍물, 나무,
바위, 눈』(1995)에서 「아우슈비츠의 잔해 2」로 재명명된다.

일어나지 않았다고 해야 할 것이다.

그런데 질문을 촉발하고 이를 도저히 외면할 수 없도록 만드는 기묘한 이미지가 그의 사진 작업 전체와 생애사를 추적하도록 유도하고 있다면, 그의 사진이 갖는 생명력은 사진의 형상으로 보이는 것과는 다른 맥락에서 감지되는 것이다. 사진으로 포착한 것 너머를 지속적으로 읽어 내도록 요구하는 오종태의 두 사진(혹은 세 장의 사진)에 붙은 제목은 '아우슈비츠의 잔해' 혹은 'Grave'다. 이 제목은 그가 해방 이전에 숱하게 목격하고 찍었던 시신들, 시취들 그리고 향냄새로부터 아주 오랜 시간이 흐른 뒤에도 여전히 벗어나지 못했다는 것을 지시한다.

요컨대 오종태의 사진은 한국의 근현대사를 관통하는 중요한 이미지이며 이를 경유할 때, 사진의 새로운 지평을 숙고할 수 있을 것이다. 우선 오종태의 사진 이미지를 좀 더 꼼꼼하게 검토해 보자.

흑백사진과 아무것도 아닌 이미지

오종태는『눈(雪)』(1987)에서 '조형 6 墓ー(Grave)Ⅲ'와 '조형 15'로 붙였던 사진의 제목을 『오종태사진집』(1995)에서 '아우슈비츠의 잔해 1', '아우슈비츠의 잔해 2'라고 바꾸어 남긴다. '조형' 연작 사진이 뜬금없이 '아우슈비츠의 잔해'라는 제목으로 바뀐 것은 작가의 변덕 때문이 아니다. 여기에는 단순한

변심이나 착상을 넘어서는 이미지에 대한 사유가 깃들어
있다. 이를 확인하기 위해서는 그의『눈』작품집 출간
인터뷰를 살펴봐야 한다. 두 사진에 은밀하게 중첩된
역사적 이미지, 그리고 그가 10여 년이 지난 뒤 제목을
변경한 까닭을 추적하기 위한 하나의 단서가 놓여 있다.

> 흑백사진은 마치 동양화에서 남화(南畵)처럼 다양하고
> 깊이 있는 맛이 있고 끝도 없는 다양한 기법이
> 요구되지요.
> (……)
> 일본군을 따라다니며 1년간 시체 사진만 찍었더니
> 사진에 넌더리가 나더군요.[4]

　　오종태의 발언을 옮긴 위의 인용에는 그의 작업이
갖는 중요한 문제의식이 들어 있다. 오종태는 남화를
방법적으로 차용하여 사진 작업을 했는데, 이는 만주에서
1년 동안 찍었던 사진으로부터 벗어나기 위해서였다. 그가
남화의 방법을 무엇으로 이해했는지는 명확하지 않지만,
'여백'을 흑백 사진이 갖는 음영으로 받아들였던 것으로
판단해 볼 수 있다. 달리 말해, 흑백 사진은 형상을 여백을
통해서 조직하는 표현 방식이고 여백이야말로 이미지가

[4]「노익장 사진작가 7순에 작품집」,《조선일보》, 1987년 1월 21일.

서식하는 중요한 원천이라는 발상을 가졌던 셈이다.
중요한 사실은 이러한 방법을 고안해야만 했던 이유가
일제강점기 그의 행보에서 기인한다는 것이다.

　　즉 오종태가 작품집『눈』의 사진을 찍었던 1960년
말에서 1961년으로 넘어가는 겨울은 해방과 더불어
더 이상 '시체 사진'을 찍을 수 없다는 자각이 이루어진
시기로, 이 자의식은 역설적으로 그가 역사적 경험을 사진
속에 기입하는 효과를 발생시킨다. 설경을 찍으면서도
정작 '무덤'을 조형하는 식으로, 애써 외면하고 지우려고
했던 '역사'와 반복해서 마주하게 되었음을 역설적으로
보여 주는 것이다. 이 때문에 1987년의 사진집 인터뷰에서
"책을 보고 있으면 지난날이 환히 떠오르고, 족적을 남긴
것 같아 뿌듯하다."(앞의 신문)라고 한 진술은 예사로운
노인의 낭만적 회고일 수 없다. 그의 사진적 방법에 따르면
형상은 고통스러운 역사적 경험의 자리인 여백에서 나타난
결과물이기 때문이다.

　　그런 점에서 오종태에게 동시대의 향방은
긍정적으로 평가되지 않는다. 그에게 근대화는 전쟁과
분별되지 않는 경험으로 주어진다. 달리 말해, 전쟁의
잔해를 찍었던 그는 동시대를 장악해 가는 근대화의
폭력으로부터 밀려난 잔해들을 외면할 수 없다. 작품집
『눈』에 실린 사진을 찍었던 시기에 펴낸 그의 첫 사진집

오종태, 「고래 아가미 뼈」(1960)

『흑산도와 홍도』[5]에서 이를 살펴볼 수 있다. 가령
고래 아가미뼈를 찍은 사진 곁에 정성스레 붙인 캡션의
내용[6]은, 사진 찍은 대상을 사진 내부가 아닌 그 밖의
다른 차원에서 구성하고 있다. 사진 내부에서 고래 아가미
뼈는 기록의 대상으로서 어떤 의미도 없다. 오종태가
찍지 않을 수 없었던 것은 단지 고래 뼈의 위용이 아니라,
근대화라는 재난으로 급속도로 폐허가 되는 세계였던
것이다. 마치 만주에서 넌더리가 나도록 시체 사진을
반복해 찍은 것처럼 말이다.

　　『흑산도와 홍도』에 따르면, 이 군도에 사는 어린

[5] 이 사진집은 전남대학교 의과대학의 봉사활동에 오종태가
참여하면서 찍은 것으로, 원래 보고용으로 만들었지만 사진을 붙이고 캡션을
달아 출간했다. 현재 전남대학교 도서관에 한 권이 보관되어 있다. 오종태는
『흑산도와 홍도』를 자신의 이력에 첫 번째 사진집으로 기록한다. 중요한
사실은 흑산도와 홍도를 촬영한 사진들이 「조형6 ─묘(GRAVE)Ⅲ」, 「조형15」
등의 조형 연작을 찍었던 시기와 겹친다는 것이다. 이는 오종태의 사진을
풍경 혹은 기록/보도 사진과 회화주의 사진으로 구분한 당시 사진계의 구도
어느 쪽에도 위치시킬 수 없다는 것을 보여 준다. 왜냐하면 그의 풍경 사진은
풍경에 기입되는 파국적 원리를 파악하도록 만들고, 회화주의 사진은 풍경의
여백을 보도록 만드는 방식으로 촬영되기 때문이다. 그의 사진이 사진사에
제대로 기록되지 못한 이유다. 그의 사진이 갖는 의미를 적어도 당대에는
언어로 다룰 수 없었다. 따라서 오종태의 사진은 역사적 폐허를 시각적으로
공유할 수 있는 동료를 기다리는 '잠재성의 사진'이라고 할 수 있다.
[6] "12척의 고래 아가미뼈를 동리 입구에 세워 놓은 것은 언젠가는
우리도 이런 큰 고래를 잡은 적이 있었다는 지난날의 힘의 자랑인가. 이
뼈에는 그들 자신의 또는 조상의 불굴의 의지가 숨어 있는 듯도 하다. 섬 밖은
나가 보지 못하여 자전차도 본 일이 없다는 이 웃통 벗은 노인에게는 그런 섬
사람의 의지가 숨어 있을 게다." 오종태,『흑산도와 홍도』(1961).

오종택, 「홍도의 소녀」(1960)

딸들은 어머니처럼 해녀로 살고 싶지 않고, 고생으로
삶을 다 보낸 늙은 해녀들의 얼굴은 주름살이 그득하고
남들에게 자랑할 만한 과거 따위 없다. 오직 스쳐 지나갈
그 순간만이 그들이 가진 모든 것이다.(「해녀」, 1960)
해녀의 어린 딸들은 팔뚝시계를 갖고 싶고(「흑산도의 소녀」,
1960), 섬에는 양주 파는 가게(『흑산도와 홍도』 수록,
제목 없음)와 서양식으로 지어진 공공기관 건축물과
등대(『흑산도와 홍도』 수록, 제목 없음)도 생기지만, 오종태는
이를 진보와 발전으로 드러내지 않는다. 외려 이러한
근대화의 재난은 누구도 피해 갈 수 없음을 알고 있고,
그는 재난의 여파와 함께 사라지기 시작한 것들을 오직
보는 데에만 집중한다. 그가 보고 있는 모든 동시대적인
풍경은 죽은 것들의 옆에서 소멸하기 바로 직전에 놓여
있을 따름이다.

　　이처럼 오종태의 카메라는 그의 기억 그리고
역사적 맥락과 떨어뜨려 놓고 말할 수 없다. 기억과 역사가
겹치는 구간에서 움직였기에 그는 사진을 설명해야 했다.
그의 설명들은 역사적 층위에서 사진의 대상이 부재함을
말한다. '아무것도 아닌 이미지'와 그것을 에워싼 사진에
제목을 달고 캡션을 다는 오종태의 행위는 어떻게든
사라진 잔해들 앞에서 말하는 시도이자, 사라진 대상을
향한 애도(불가능성)의 방식이라 해도 좋다. 벤야민이 말한
대로 사진에 설명과 제목을 달면서 혁명적 사용가치를

부여하는 것까지가 사진가의 능력이라면[7], 오종태는 그런 사진가 중 한 명이다. 오종태의 사진집들과 '아우슈비츠의 잔해'라는 명명은 역사를 추켜세우거나 상업적 유행에 맞추는 사진이 아니라, 도리어 역사의 잔해들을 애도하는 비문(碑文)이기 때문이다.

벤야민은 이를 사진가의 '능력'이라고 말했지만, 오종태에게 있어 그것이 능력이라 할 수 없고, 그의 신체에 각인된 기억이 반복된 결과라고밖에 설명할 수 없다. 신체가 습관을 반복하는 것처럼 반복되는 역사적 재난 속에서 되살아나는 트라우마와 환각은 사람을 항상 그 재난의 현장으로 되돌려 놓는다. 시신들의 이미지가 그가 마지막 사진집을 출간할 때까지도 남아서 사진에서도 '말할 수 없는 무엇'으로 인화되어 버렸다는 것이다. 그의 증언은 전할 방도가 없지만, 그럼에도 뱉어 낼 수밖에 없는 것은 파괴된 시대에 대한 이미지이다. 그래서 그의 이미지는 아무것도 아니면서 동시에 그 시대를 가장 잘 인화한 이미지이다. 오종태의 증언은 모든 것이 종말

[7] "우리가 사진작가에게 요구해야 할 것은 사진을 유행적 소비품으로 빼내어 그 사진에 혁명적 사용가치를 부여해 줄 그런 제목을 달 줄 아는 능력이다." 이는 사진이 대상을 상품으로 미화시키는 기능을 전환시킨다는 것을 의미한다. 벤야민은 이를 베르톨트 브레히트가 말한 '기능전환'의 의미로 쓰고 있다. 발터 벤야민, 윤미애·최성만 옮김, 「생산자로서의 작가」, 『발터 벤야민 선집 8: 브레히트와 유물론』(도서출판 길, 2020), 384쪽.

바로 앞으로 내몰린 시대에 사진 이미지란 무엇인가라는
질문이기도 할 것이다.

무등산, 모든 것의 무덤

오종태의 사진에 관한 짧은 고백은 사진 찍는
신체에 대해 숙고하게 만든다. 보도사진가가 되고자 했던
열망은 '시체 사진'을 1년간 반복해서 찍는 동안 일종의
트라우마로 받아들여진 것으로 짐작할 수 있다. 식민지
조선인으로, 같은 피해자의 시신을 반복해서 촬영하는
사진가의 눈에는 목격한 죽음이 다만 타인의 죽음으로
치환되는 게 아니라, 즉각적으로 자신의 죽음이나
소멸과 연결될 수밖에 없었다. 오종태에게 시체 사진의
촬영은 자신의 죽음을 반복해서 목격하는 일과 구분되기
어려웠으며 헤아릴 수 없는 죽음 속에서 자신의 생명을
가늠해야 했을 것임은 두말할 필요가 없다.[8] 이미 소멸한
존재를 반복해서 촬영하는 그의 '신체감각'은 존재하는
것을 기록하고 회화주의적 프레임을 통해서 표현하는

[8] 당시 만주의 사진계는 제국 일본의 오족협화(五族協和)
원리에 충실히 복무하는 사진들이 주류를 이루었는데, 주로 다양한 민족들의
민속지적 기록에서부터 만주의 계절, 일상 풍경 그리고 이른바 신생 만주국의
발전상을 촬영한 사진들이었다. 이때 오종태는 기록과 회화주의적 사진의
구도에서 포착되지 않는 '시신' 사진을 찍고 있었던 셈이다. 만주의 공식
사진계의 사진들은 바로 이 시신 더미 위에서 이루어진 기록물이라고 할
수 있다. 만주의 사진에 대해서는 만주제국정부가 간행한『若き滿洲 :
寫眞に觀る』(1938)를 보라.

방식과 거리를 둘 수밖에 없었던 것이다.

그런 점에서 오종태의 카메라와 신체의 움직임은 이미 무덤을 확보하는 일과 구별되지 않는다. 그가 찍은 모든 것들은 무덤이 된다. 오종태가 잔해와 무덤의 연속선상에서 사진을 촬영하고 있었다는 사실은 그가 택한 '산악인'으로서의 또 다른 인생의 경로에서도 찾을 수 있다. 오종태는 사진가이기도 했지만 산악인이기도 했으며[9], 그가 이후에 '아우슈비츠의 잔해'로 재명명한 눈 조형 사진을 찍은 곳은 무등산 일대였다. 그는 무등산, 월출산 일대의 풍광들과 조형 사진들을 모아 사진집 『눈』을 출간했으며, 그중 세 장의 사진에는 'Grave'라는 부제를 단다. 그의 렌즈가 산에서 무얼 담든 증언 그 이외의 것이 아니었는데, 그런 사진을 시대가 조형 사진으로만 규정했을 때 'Grave'는 산속에 뜬금없이 놓인 아무도 찾지 않는 신원불명 묘소가 된다. 그러므로 세 장의 사진들에서 조형적 유사성을 찾는 것보다, 그가 조형 사진들을 찍었던 장소의 의미와 그토록 산행을 반복했던 까닭에서부터 시작해야 할 것이다.

그가 '산악 사진가'였다는 것은 곧 그에게 산이

---

〔9〕 60대산회, 『1960년대 한국의 산악운동』(조선일보사, 2003). 이 책의 광주편 저자 정순택은 오종태를 산악 사진가로 소개하면서 그가 광주에서 했던 산악 운동 활동들을 소개하고 있다. 그에 따르면 오종태는 무등산악회의 창립 멤버이자 부회장이었다.

특별한 의미였다는 말과 같다. 직접 광주의 산악회에서
주도적인 역할을 했으며 자신이 만든 '나하나
경양식'점에서 창립총회를 했을 정도이니, 산은 그의 삶을
추적할 때 빠져서는 안 되는 것이다. 오종태는 그토록 산에
빠져 살았는데, 그곳에서 찍은 사진들은 사물을 가까이서
포착한 조형 사진에서부터 기암괴석을 원경에서 담은
것까지 다양하다. 따라서 그의 사진들을 말하기 위해서는
기존의 분류에 끼워 맞추기보다, 그의 산 사진들을
관통하는 줄기를 찾아야 한다. 그가 산을 사진 찍는
장소이자 활동하는 장소로 삼고자 했던 이유는 그 줄기를
추적하기 위한 출발점이다.

　　오종태에게 산은 재난들의 잔해가 오랜 시간
모이고 침식된 곳이다. 내부와 외부의 경계선이었던 산은,
오종태의 렌즈에서 간신히 생동하는 역사적 잔해로서
비추어진다. 파괴가 이루어지는 도시의 경계에 있는 산과
그 기슭에 사는 사람들의 삶은 오종태에게 잔해였고, 그런
장소에서 드러나는 조형적 이미지는 흑백의 여백을 통해서
역사적 잔해의 단면을 비춘다. 산은 무엇을 찍든 역사적
잔해였던 그의 렌즈와 가장 잘 부합하는 장소였을 터다.
적어도 도시는 그에게 증언의 장소가 아니었다.

　　근대화에 몰입하는 도시에는 죽음과 무덤을
증언할 수 있는 곳이 없다. 도시는 애도와는 상관없는
곳인 까닭이다. 높은 시멘트 건축물과 폭이 넓어지는

오종태, 「원효사 앞뜰에서 무등산」을 바라보는 두 소녀(1957)

오종태, 「땔감…삶」(1957)

도로는 창창한 미래를 약속한다. 도로를 넓히고 다리를
건설하느라 판잣집을 허물고 강바닥을 뒤집는데 그건
도시에서 '어쩔 수 없는 일'이 된다. 빼앗고 또 빼앗는
통에 더 이상 버티지 못한 사람들은 산으로 피난을 간다.
도시에서 허용되는 사진은 아직 오지 않은 것에 대한
약속에 유행을 덧입혀 상품으로 둔갑시키는 것뿐이다.
도시는 지나온 것들을 게걸스레 먹어 치우며 앞질러 가기
바쁘다. 근대화가 지나온 자리에는 마치 달리는 차에
쓸려 짓이겨진 개처럼, 전사자들이 내팽개쳐져 있다. 항구
앞바다에 수장되거나, 용광로 철물에 녹아 버린 자들은
면포 덮을 시신조차 없다.

　　　　거대한 무덤 안으로 들어가서야 오종태는 셔터를
누를 수 있는 순간들을 만난다. 무등산 계곡을 바라보는
댕기머리의 소녀들(「원효사 앞뜰에서 무등산을 바라보는
두 소녀」, 1957), 땔감을 짊어진 모녀(「땔감…삶」, 1957)는
산에 기대어 사는 사람들의 연약한 순간들이다. 오종태는
역사가 사라진 시대의 잔해와 같은 무덤이자 피난 온
사람들의 마지막 삶의 자리로서 산을 찍는다. 쑥을 캐러
왔다가 원효사 앞뜰에서 무등산 계곡을 바라보고 선 두
소녀의 뒷모습은 역사가 마지막으로 남긴 작은 씨앗처럼
연약하고 시름없다. 무등산 기슭의 마을은 다시 또 닥칠
시대적 재난을 벌거벗은 채 맞이해야 했다.(「방림동
변방에서 본 무등산」, 1956) 근대화의 재난에 의해 완전히

파괴되기 전 찍었던 이 산을, 오종태는 자신의 마지막
사진집에 남겨 두고 있다.

　　1995년 오종태의 마지막 사진집은 역사적
재난들을 끌어안은 한 권의 묘비처럼 잘 정리되어 있다.
다 늙어 버린 사진가 오종태는 1980년 5월의 광주를
지켜보면서 다시 한 번 자기 기억들이 끄집어지는 것을
확인해야 했을 것이다. 그는 자신의 지나간 사진집을
펼친다. 자신의 두 번째 사진집 『눈』의 조형적 이미지
중 두 사진은 다시 한 번 그가 증언하는 장소가 된다.
그는 사진의 이름을 다시 붙이고, 다시 말했다. 산에서
떠오른 이미지는 5월 이후에 다시 재생된다. 그제야 그가
어렴풋이 감지한 것은, 아우슈비츠의 잔해라는 이미지가
무등산에 올랐던 1960년에도, 1980년 이후에도 신체에
깃들어 되풀이되고 있다는 것이다. 오종태 그 스스로는
의식하지 못했을지 몰라도, 그의 신체가 기억하는
아우슈비츠는 결국 오종태를 도시의 무덤인 산으로
이끌었다.

아우슈비츠 이후의 아우슈비츠

　　오종태의 사진들은 그에게 남겨진 신체적 기억과
역사를 동원하여 인화되었다. 그의 사진이 '아우슈비츠의
잔해'라는 제목으로 재명명될 때, 보는 이는 「아우슈비츠의
잔해」를 통해서 그의 사진 전체를 재설정하게 된다.

오종태의 사진에 기입된 이미지는 실제로 '그런 이미지'를
제시하지 않는다고 해도, 근대화의 재난과 만주 경험, 여순
항쟁, 5·18로 되새김질되어야 할 것으로 주어진다. 심지어
무등산을 그저 찍었다고 해도 마찬가지다. 오종태가
'아우슈비츠의 잔해'로 자신의 사진을 달리 명명할 때
한국 근현대사의 둔중한 망각들이 동시다발적으로
출현하며, 작품에 갖은 통증들이 잠재적으로 주어져
있음을 시사한다. 그의 사진에는 캡션으로도 발화되지
않은 경험이 잠재되어 있다. 달리 말해 이 사진에 잠재된
통증과 경험이 재난의 반복을 증언하며, 언제든 동시대에
발발한 재난에 따라 사진이 달리 명명될 수 있다는 것이다.
5·18과 무관해 보이더라도 「아우슈비츠의 잔해」는 참혹한
역사를 수용하는 데 전혀 무리가 없게 된다.

　　오종태에게 사진은 고정된 시공간이 아니다.
유동하는 이미지이자 역사의 이미지이고 파괴와 소멸
바로 직전에 놓인 동시대의 이미지다. 아우슈비츠가
현재한다는 감각, 곧 신체 반응(이는 수동적인 수용이 아니라
능동적인 해석이다.)이 일으키는 '행위'가 기존에 확정적으로
존재하는 사물이나 세계를 다르게 명명하도록 추동한다면,
사진 기록의 '고정성'은 역사를 통해서 변주될 수 있는
것이다.

　　재난을 기록하고 남기는 일은 필요하다. 하지만
카메라는 때로 무자비한 수렵과 채집의 원리에 따라

재난으로 상실되는 세계를 아무것도 아닌 이미지로
제시하곤 했다. 이와 달리 오종태는 해방 이후 한국 사회에
펼쳐진 갖은 재난들이 사상한 것들이 기입될 수 있는
여백을 제공하고, 남은 잔해를 그러모아 무덤을 만들고
묘비를 쓰는 역할을 스스로에게 부여하고 있다. 그 역할은
역사적 당사자로서의 경험 없이 떠맡을 수 없었던 것이며,
그의 역사적 신체가 만들어 낸 반응과도 같다.

　　오종태는 이론적이기보다 경험적이고 신체적인
사진을 무의식적으로 구상했다. 오종태의 그 무엇도
아닌 이미지는, 역사적 신체와 비가시적인 세계가 어떤
방식으로든 출현할 수 있다는 것 또한 드러낸다. 역사적
신체 그리고 동시대적 삶이 여전히 신음하고 있다면,
오종태의 사진은 그 신음을 함께 듣도록 안내하고
있다고 할 수 있다. 근대화의 문턱 역할을 했던 무등산이
더 이상은 그 역할을 할 수 없는 지금, 또 다른 형태의
아우슈비츠가 삶과 세계를 조직하고 있다.

　　아마 그 아우슈비츠는 우리를 생존에 포박하고
있는 자본주의라는 재난일 것이다. 우리는 생존에 온 힘을
기울이며 살아가면서 자기 자신의 취약함을 이미지로
보완하곤 한다. 기술적 조건이 그때보다 훨씬 잘 갖추어진
지금, 우리는 어디서든 일상을 찍고 올린다. 일상 사진과
셀카, 서로의 사진은 모두 재난 속에서 사라져 버릴
것 같은 관계와 자신의 존재를 이미지를 통해 그나마

유지하려는 시도다. 우리가 취약한 자기 이미지로부터
공통 신체를 조직하는 방식을 무의식적으로 알고 있듯이,
오종태의 신체 사진은 우리를 그의 사진에 연결시킨다고
할 수 있을 것이다. 그의 사진이 우리를 엮고 묶어 주리라.

보존된 고향, 고향의 파편들
—「민속가」의 후경으로부터

「민속가」의 후경

태어나 자란 지역을 고향이라 부르기 위해서는 거리가
필요하다. 내가 고향과 떨어진 거리만큼, 고향을 떠나온
시간만큼의 거리가 그리움과 애틋함을 만들기 때문이다.
다만 돌아오기까지 너무 오랜 시간이 걸린 탓에 고향이
옛 모습이 아닌 것처럼 보인다면, 어떻게든 내가 기억하는
돌담의 조각, 거리의 모양, 집의 파편을 찾기 위해
가까이 들여다볼 것이다. 즉 고향은 떠난 사람의 기억 속
이미지로만 온전하게 만들어질 수 있다. 1970년대 호남이
그런 고향의 이미지로 재현되었던 바 있다.

　　　1970년대라는 시간과 호남이라는 장소가
교차하는 데에 강봉규의 사진이 있다. 1935년 전남
화순에서 태어난 그는 1959년《전남일보》(현《광주일보》)에
입사해 여순 사건을 찍었던 이경모 사진가 아래서
사진을 배웠다. 보도사진의 맥락에서 여순 사건을
포착했던 이경모의 뒤를 이어, 그 또한《전남일보》에서
일하면서 보도사진을 찍고 지역의 사진 잡지를 만들기도

강봉규, 「민속가」(1979)

했다.[1] 한편 그가 사진가로서 가장 천착했던 이미지는 '고향'이었다. 그는 '고향'의 이미지를 찾아 전남의 곳곳을 누볐다. 『고향 — 강봉규 작품집』, 『한국인의 고향』, 『멈추지 않는 시간』, 『나무와 사람』 등 강봉규의 사진집은 농촌을 중심으로 토속적인 생활상을 담아 "문명의 그늘에 가려진 과거의 것들"을 만나게 하고 전통적인 소재들을 통해 향수를 불러일으킨다고 평가받았다.[2] 그리고 그 고향은 파편이기보다는 기억 속의 온전한 이미지로 만들어져 드러난다.

「민속가」는 강봉규의 대표작이라고 하기는 어렵지만, 강봉규가 어디서 '고향' 이미지를 얻고 있는지를 적절하게 보여 준다. 이 사진은 1979년, 지금은 순천시로 통합된 전남 승주군 낙안산성에서 찍은 것이다. 강봉규는 이 사진 아래 "승주 낙안 민속마을 남아담까지 그대로 남아, 옛 그대로 어울어 있어 그대로 어울어진 대로⋯⋯"[3]라는 말을 덧붙인다. 승주 낙안 민속마을은 1983년에 302호 사적지로 지정된 지금의 순천 낙안읍성 민속촌이다.

[1] 잠시 《전남일보》를 퇴사한 강봉규는 1968년 《호남화보》라는 사진 잡지를 만들었으나 유신 반대 국회 파동 기사를 실으면서 폐간되었다.(구술자 강봉규, 면담자 정주하, 「아시아의 사진: 사진가 생애사 구술채록」, 2014년, 32쪽) 이후 《전남일보》에 인수된 《호남화보》는 1970년 12월에 《전일그라프》가 되어 1980년까지 간행되었다.

[2] 강봉규, 『멈추지 않는 시간』(삼화문화사, 2009), 24~25쪽.

[3] 강봉규, 『고향 — 강봉규 작품집』(삼화문화사, 1985), 83쪽.

강봉규가 찾던 고향의 이미지는 몇 년 뒤 사적지로 분류,
보존되는 낙안산성에서 찾아야 할 정도로 흔치 않았음을
보여 준다. 강봉규의 이 사진은 전통 가옥을 사진으로
보존했다는 점에서는 유의미하지만, 그가 찍은 '고향'의
이미지가 현실과는 거리가 있어 보이는 것도 사실이다.
낙안산성 민속마을의 한 집 싸리문과 돌담 사이, 절구를
찧는 아주머니 너머 멀리 후경에 양옥들이 눈에 띈다.
강봉규는 1988년 『한국인의 고향』 작품집을 내면서 이
사진의 이름을 '대사립문'으로 바꾸었다. 집을 지칭하는
'민속가'가 아니라 좀 더 전경에 있는 '대사립문'으로
초점을 옮기도록 한 것이다. 집이 아니라 사립문을 주제로
삼을 때, 초가와 먼 양옥들의 낙차는 줄어든다.

　　　이처럼 그의 고향에 대한 사진은 조심스레 읽을
필요가 있다. 고향을 찍은 프레임 너머에 있는 것까지 사진이
보존하기 때문이다. 강봉규의 「민속가」에 드러난 낙차는
1970년대라는 시대가 만들어 낸 것이고, 고향의 변화 또한
우연히 보존되었다. 마치 이경모의 여순 사건 사진들이
'반공주의' 프레임으로 규정되었다고 해도 그 이미지가
국가 폭력을 담아 낸 것처럼, 사진은 사진가가 의도한
것뿐만 아니라 의도하지 않은 것도 함께 보존한다. 사진가의
의도가 선명할 때, 선명한 의도가 만들어 낸 이미지와
우연히 드러나는 현장의 낙차도 강하게 드러나기 때문이다.
강봉규가 중요하게 생각한 것은 '보존'이다. 그러나 그가

생각한 '보존'은 변화와 우연적인 것을 담는 것이 아니라,
시간이 멈춘 듯한 과거와 이미 상실한 것들의 박제다.

고향과 개발의 이분법적 이미지

온전한 고향의 이미지는 마치 민속마을처럼
거기 있다. 완전히 흩어지기 전에 가져온, 박물관 속
유적 같은 모습으로 있다. 사진의 선명함은 어떤 좌표를
지시한다. 강봉규의 사진이 찍히던 1970~1980년대는
억압된 분위기 속에서 언론이 통제되던 시기였다. 1972년
유신체제에서 사진의 역할은 프로파간다로 한정되었고,
정부는 사진을 통해 지역 곳곳까지 새로 정립된 국가 질서를
관철하고자 했다. 그 효과적 방법이 개발주의의 환상을 더욱
강화하는 일이었고, 사진과 텔레비전 방송은 그 환상을
주입하기에 좋은 수단이었다. '식량 생산 기지'로서 농촌을
근대화하려는 새마을운동의 사진과 영상 등이 난무하던
때였다. 개발의 이미지가 넘쳐 날수록, 산업화로부터 소외된
호남에서는 개발에 대한 욕망이 더 크게 분출되었다.
1966년 3월 20일 《전남매일》은 전날 국회에서 통과된
제1회 추경예산안에 대해 지적했고, 호남고속도로와
영산강 유역 개발사업을 추진하도록 압박했다.[4]

[4] 「전남 푸대접, 전천후 농업용수원 개발비 등 배정 없어, 궐기대회
등 강력한 대책의 소리」, 《전남매일》, 1966년 3월 20일.

1970~1990년대에 활동했던 강봉규 사진가는
그 이미지들의 중심에 있던 인물이었다.《전남일보》의
사진국장이었던 그가 광주와 전남에 쏟은 애정은 컸다.
개인으로서도 그의 고향은 전남이었고, 그가 생각하는
한국적인 것 또한 전남과 '고향'의 이미지에 가까웠다.
고향의 안온한 느낌, 고유한 정서, 지역성은 그에게 있어
향수와 토속적 수식어만이 아니었다. 애틋한 정서와
장소들을 파괴하는 산업화와 개발에 대해 그가 지닌
안타까움은 그만의 것은 아니었을 것이다. 1970년대,
개발의 욕망 뒤편에 산산이 흩어지는 농촌의 모습을
붙잡으려고 하는, 상실을 메우고자 하는 사람들의
마음이기도 했다. 당시 '고향'의 프레임에는 개발의 욕망과
환상이 강해질수록 커지는 상실된 장소에 대한 갈망이
개입되어 있었다.

　　　문제는 주로 보도사진가로서 이력을 지닌 강봉규가
지역으로 눈을 돌렸을 때, 개발의 폭력이 진행되기 시작한,
또는 어두운 근대사가 숨겨진 '사건의 장소'로서 지역을
보지 않았다는 점이다. 그는 지역을 고향으로, 온전히
'보존'되어야 할 것으로 여겼다. 고향을 보존해야 한다는
말은 개발과의 대립 논리를 형성할 뿐, 지역이 파괴되는
결과를 막지는 못했다. 그는 농촌에 즐비한 상실의 틈을
이미지로 메우기로 했다. 재난을 운 좋게 피해 온전하게
남은 장소를 찾는 것처럼, 그의 카메라는 아직 남아 있는

'고향'을 찾아다녔다. 그렇게 그는 보도사진처럼 선명한
'고향'의 이미지를 만들어 냈다. 그의 고향 이미지는 도시
혹은 개발과의 확고한 이분법 속에 있었기에 그토록
선명했다.

> 제가 본격적으로 고향 이야기를 쓰게 된 계기는 파리의
> 베르사유 궁전을 보고 나서부터였습니다. 우리는
> 5000년 역사인데 16세기 때 지은 초가집이 다 무너져
> 가고 이대로 다 쓰러져 가야 하는가 하는 생각만
> 듭니다. 그래서 이걸 보존하려면 기록으로 남겨야겠다,
> 그래서 그때부터 본격적으로 고향 이야기를
> 찾아다녔습니다.[5]

　　호남에 씌워진 고향의 이미지는 개발과 대립되는
보존의 문맥 속에 있지만, 그 보존의 맥락조차 근대적이다.
강봉규의 언급에서 확인할 수 있는 보존의 논리는
'선진국도 그렇게 하고 있다'에 불과하다. '베르사유
궁전'을 언급하는 의미는 옛것을 잘 보존하면 이후에 더
큰 가치로 돌아온다는 것 그리고 바로 그것이 선진국들이
하는 방식이라는 것이다. 곧 그에게 고향의 이미지는

---

[5] 강봉규, 호남학연구원 엮음, 「사진 속 호남의 이미지와 상징」,
『원로 명사에게 듣는 호남 이야기』(전남대학교출판부, 2013), 173쪽.

단지 사람들이 그리워하는 고향의 의미를 넘어선다.
그리고 이런 방식으로 고향을 이미지화할 때, 또 다른
방식으로 지역을 대상화할 위험도 존재한다. 그것은 마치
민속촌처럼 온 마을을 '문화재' 내지는 '관광지'로 만드는
방식이다.

전통의 가치를 보존하려는 정당성을 근거하는 이
논리는 '고향'의 이미지를 선명하게 만들지만, 파괴된 삶의
장소를 돌보는 구체적 실천으로부터는 멀어지게 한다.
선명한 고향은 강봉규가 찍은 사진 속에만 존재한다.
광주와 전남을 향한 차별, 6·25전쟁을 전후로 일어난
학살 그리고 개발에 파괴된 지역의 현실은 윤곽을 상실한
채 선명하기 짝이 없는 고향의 이미지 속으로 빨려
들어가 버린다. 이렇게 그는 전남의 이미지를 고향으로
치환하는 한편, 1980년 이후 광주의 상실을 '문화예술
도시'의 이미지로 메꿔 보려 했다. 사진을 통한 '복구'는
광주에서의 그의 활동과 이력에서도 드러난다.

> 또 하나, 제가 이야기하고 싶은 것은, 1993년도엔가
> 전국체전을 광주에서 했는데 그때에 5·18이라는 상처를
> 입고 한이 서린 금남로를 낭만의 거리로 만들자 하는
> 뜻에서 제가 제안해서 빛의 축제를 차렸어요. 빛의
> 축제, 이름도 그렇지만 국내에서 처음으로 치른 거리
> 축제였습니다. (……) 축제 의도는 해한(解恨)에 두었고,

그 한 맺힌 전라도 사람들의 응어리를 풀어 줘야 할
것 아니냐 하는 것이었습니다. 축제는 대성공이었고,
KBS가 나서서 두 시간짜리 전국 생중계를 했습니다.
대통령도 출연했고 광주는 잠재된 저력을 발휘하여
위대한 도시, 감동의 도시로 확 살아난 것이지요. 그때
금남로에 운집한 인파는 5·18 때처럼 금남로 전체를
구름처럼, 입추의 여지없이 가득 메워 예술의 힘을 재삼
확인하는 계기가 되었습니다.[6]

　　강봉규 사진가는 1995년 광주예총 회장을
지내고 제1회 광주비엔날레 집행위원장을 맡았다. 그는
《호남화보》나《전일그라프》의 창간인일 뿐 아니라
광주를 문화예술의 도시로 자리매김하는 데 크게 공헌한
인물이었다. 그는 문화예술을 통해 1980년의 상처를 입은
광주를 '복구'하고 싶어 했다. 마음이 폐허가 되어 버린
사람들은 축제를 전혀 즐길 수 없었겠지만, 마치 파괴되기
직전의 마을 어귀 고향을 찍어 내어 전남의 이미지를
만든 것처럼, 강봉규는 광주에서도 또한 어딘가 남아
있는 순수한 문화와 예술의 충동을 포착하고 도시 전역에
확장하려고 했다. 5월의 상처 속에 사는 사람들과 민중
미술가들은 그에 맞서 '안티 비엔날레' 전시를 개최했다.

〔6〕 강봉규, 위의 책, 177쪽.

망월동 묘지 전역에 걸린 만장(輓章)은 은폐되는 5월과
광주의 삶들을 애도하며 초혼하는 의식과도 같았다.
'문화예술의 도시'라는 광주의 이미지는 펼쳐진 만장을
희미하게 처리한 채 전경에 광주비엔날레의 성공을
선명하게 포착한 사진의 방식처럼 강화되어 왔다.

전남의 보존과 광주의 복구라는 맥락에서 호남의
지역 이미지는 외려 사진 바깥에 개발이 배치됨으로써만
명확해진다. 소외와 상실이 아니었으면 나타나지 않았을
'고향'의 이미지다. 이는 강봉규가 보도사진가로서
명확하게 빚어 내야 했던 개발의 환상과도 관련이 있다.
환상과 더불어 이루어지는 도시화와 인간성의 파괴,
삭막한 풍경들 사이의 괴리가 강해질수록, 이 괴리를
또 다른 개발로 채우거나 혹은 이미지로서 극복하려
한 것이다. 상실 이후 성사된 광주비엔날레와 문화예술
도시로서 지역 이미지 만들기가 이를 보여 준다. 광주의
지역 이미지 만들기는 결코 끝날 수 없는 애도 도중에
시작되었고 지금도 계속되고 있다.

고향이라는 가상

고향은 더 이상 '향토성'과 치환할 수 없는
이미지다. 고향이 상실된 시대에 향토성은 도리어
인위적으로 만들어진 향토적 이미지를 지역에 뒤덮을
위험이 있기 때문이다. 애당초 사진은 권력을 강화하는

데 있어 효과적인 수단이었다. 사진은 국가가 주체가
된 시각 질서를 만들어 내면서, 국가에 필요한 감시와
기록, 증거의 수단이자 영토를 가시화하는 도구로
이용되었다.[7] 1930년대, 일제강점기에 사진은 일제가
조선을 식민 통치 대상으로 만드는 문법을 제공하는
프로파간다로 이용되었다. 일제강점기에 가장 권위
있었던 '전조선사진전람회' 사진 공모전[8]에서 심사자는
'거짓 없는 조선의 모습'을 담고 '조선 고유의 생활을
반영'할 것을 요구하며 조선의 향토색을 강조하는 사진을
뽑았다.[9] 조선의 농촌과 산촌을 낭만적이고 아름답게
포착한 사진들을 수상작으로 뽑았다는 데에는 어떤 의미가
있다. 그들이 강조하는 조선의 향토색은 도시와 완벽한
대조를 이룬다. 벌거벗은 채 외지인들을 미소로 반기는
주민들처럼, 아무런 위협 요소도 없이 토속적이고 향토적
색채를 띤 풍경들은 조선을 '낙후'한 이미지로 생산하고
식민 통치의 필요성을 정당화했다.

　　'고향'은 기억에서도 점차 물러나고 있다. 강봉규의

〔7〕 김계원, 『사진국가』(현실문화A, 2023), 42쪽.
　　〔8〕 조선총독부의 기관지인《경성일보》가 주최한
「전조선사진전람회」(1934) 또는 「조선사진전람회」(1940~1943). 이
공모전은 2회부터 6회까지는 '조선사진살롱'(1935~1939)라는 이름으로
불렸다. 박주석, 『한국사진사』(문학동네, 2021), 241쪽.
　　〔9〕 심사자인 야마자와 산조는 「새 쫓기」(1937), 「아침의
풍경」(1937), 「농가의 아침」(1937)과 같은 사진을 찍었고, 이형록 사진가는
「산촌의 아침」이라는 사진으로 이 전람회에서 입선했다. 『한국사진사』, 247쪽.

'고향' 이미지를 기억에서 불러내는 사람들은 이제 더이상
청년이 아니다. 청년들에게 그 고향은 「6시 내고향」 같은
TV 프로그램이나 맛집 프로그램에 등장하는 곳이 됐고,
'낙향'의 이미지와 중첩되기 시작했다. 낙향은 다른 말로
하면 낙오와 낙후다. 강봉규가 살았던 시절보다 훨씬 더
멀리 나아간 개발의 논리는 중앙과 지방의 시간적 거리를
한참 줄여 놓았지만, 수도권과 지방의 삶의 거리는 그 둘
사이의 땅값 차이로 환산되어 보이지 않을 정도로 멀어져
버렸다. 중앙과 지방 사이, 도시와 고향의 이미지 사이의
거리가 벌어질 대로 벌어진 지금, 그 틈을 메우기란 쉽지
않다. 그 가운데 대낮의 광장에서 레드 콤플렉스의 유령이
출몰하고, 금이 간 벽과 풀, 냄새와 느린 생활은 혐오와
차별의 대상이 된다.

     그러니 지역은 보존과 개발의 이분법으로 말할
수 없다. 애당초 베르사유 궁전처럼 보존될 수 있는
고향은 없다. 고향은 멀리 떠나서 그리워지는 곳이기에,
언제나 상실될 위험에 처한 이미지다. 강봉규는 검열과
개발의 파괴로부터 상처 입고 돌아와 고향을 찍었다.
하지만 검열과 파괴의 충격은 도리어 "순수한"[10] 고향의

---

[10] 강봉규는 '원형'이나 '순수성'에 큰 가치를 부여한다. 그는
호남에 문화의 원형이 남아 있다고 생각하고 전통문화의 복원을 역설하는
한편, 예술에도 순수성을 강조하면서 '순수하지 않으면 예술이 아니다'라는
입장을 편다. "우리 호남이 우리 조상들의 흔적이 가장 많이 남아 있지

이미지를 반동적으로 생산하도록 했다. '순수한'이라는
수식어 아래 또 다른 많은 것들이 가려진다. 순수라는
이름의 미화는 그 자체가 근대적 이미지이거나 근대적
폭력을 감추는 장치다. 고향이 수몰되어 돌아갈 수도
없는 사람들의 말을 대신 해 줄 수 있는 이미지는 옛날
그 고향의 완벽하고 아름다웠던 모습이기보다는, 오히려
저수지의 수위가 가장 낮을 때 드러나는 낡은 지붕의
이미지일 것이다. 그러니 당연하게도, 도시에도 고향은
있다. '고향'이라는 이미지에 가려진 채 파괴된 고향들이
도처에 있다. 강봉규의 사진에는 개발 혹은 보존이라는
모순 사이에 있는 상처들, 얼굴의 잔상들이 대체할 수 없는
이미지로 남아 있다. 노인들의 수심 어린, 또는 무관심한
듯한 얼굴과 주름에는 지난날의 삶과 파괴가 동시에
기록되어 있다. 거기에 아주 늙은 기도와 희망이 존재한다.

않겠어요. 특히 보성이나 진도는 보물단지입니다. 그래서 저는 '이런 것들을
버리지 말고 원형대로 보존하거나 복원을 하자' 작심하고 작업에 열을
올렸습니다." 강봉규, 「사진 속 호남의 이미지와 상징」, 『원로 명사에게 듣는
호남 이야기』, 호남학연구원 엮음(전남대학교 출판부, 2013), 174쪽. "예술은
순수해야 된다는 것을 말씀드리고 싶어요. 예술가가 이 순수성을 잃으면
예술가가 아니라고 생각합니다." 같은 책, 178쪽.

강봉규, 「메주할머니(전북 임실)」(2007)

강봉규, 「아버지의 마음(담양)」(2007)

강봉규, 「전라도 어머니」(2008)

이미지 덮어쓰기
—사북과 광주

광주에 도착한 사북의 이미지

1980년 4월 21일 강원도 정선에서 사북 항쟁이 일어난다.
사북 항쟁의 발발은 신문과 잡지를 통해서 지방에 '전파'된다.
소식은 사건 발생 후 즉각적으로 전달되지 않는다.
《전남일보》는 1980년 4월 24일 목요일 자 1면 톱 기사를
통해 사북의 '이미지'를 광주로 전달했다. 이 이미지는
"광부·가족 등 6천 명 유혈 난동", "사북읍 점거…… 경찰과
대치 4일"이라는 설명과 "수라장 된 폭동 현장"이라는
자극적인 캡션과 함께 사북 항쟁에 관한 이미지를
구축했다. 기사는 "저임·노조 내부 누적된 불만 폭발"로
사건의 원인을 짚으면서, 광부들 상호 간에 일어난 마찰이
주요했다고 지적하며 "경찰관 1명 사망, 46명 중경상"을
일으킨 '폭동'으로 사건을 규정하는 데 주저함이 없다.
　　《전남일보》는 4월 25일까지 '사북 난동 그 실상을
벗긴다'라는 연속 기획하에 "검은 마을 탄촌의 비극은 왜
일어났나"라는 기사를 싣지만, 정부의 석탄 정책 실패에
대해서는 어디에서도 거론하지 않는다. 달리 말해, 사북

항쟁의 사진과 기사는 '사북'을 폭력이 난무하는 무법
지대로 이미지화하는 데 초점이 맞춰져 있다. 사북은
폭도의 도시가 되고 만다.

　　폭력과 공포 속에 나흘 밤을 지샌 광산촌은 죽음의
　　거리였다. 광부들이 집단 난동을 일으킨 사북읍은
　　상가가 철시하고 주민들이 문을 걸어 잠근 가운데
　　술 냄새를 풍기며 각목과 쇠파이프를 든 광부들만이
　　몰려다니는 무법천지 바로 그것이었다.[1]

　　사진 잡지 《포토전매》[2]의 기사는 제목만
바꾸면 5·18 항쟁에 신군부가 들씌우려 했던 이미지와
겹친다. 기사에서 주어와 목적어를 바꾸면 5·18에 대한
신군부의 입장과 교환될 정도다. 사북에 대한 이런
폭력적인 이미지화는 사건이 발생하기 3년 전인 1977년
4월 20일에 일어난 '박흥숙 사건'에서도 마찬가지로
전개되었다. 당시 언론은 무등산 자락에 거주하는 도시

---

〔1〕「광부 4천여 명 유혈 사태…공포의 사북읍」,《포토전매》1980년
5월호(전남매일신문사, 1980), 28쪽.
　〔2〕《포토전매》는 1974년 1월 창간된 화보 신문이다.
　　전남일보사에서 발행한 《전일그라프》가 화보로서 독자들에게
좋은 반응을 얻자 전남매일신보사가 서둘러 발행했다. 《포토전매》도 7년
동안 발행되다가 1980년 7월 31일 중앙정보부가 사회정화를 근거로 내세운
언론기관의 정비 방침(언론 통폐합)에 따라 강압적으로 등록 취소되었다.
광주언론동우회,『광주·전남언론사』(동회, 1991), 690쪽 참고.

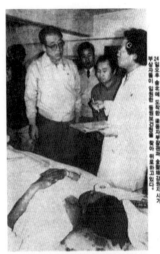

24일 오후 서울에 도착한 송원자선관과 부상자들이 입원한 동원보건소를 찾아 위로하고 있다.

몽둥이에 다리가 부러졌거나 머리에 큰 부상을 입은 경찰관들이 東原보건소에서 가료를 받고 있다.

東原탄좌사무실인 3층건물에 사무실기둥이 더 부서질수 없을 정도로 박살이 나있다.

東原탄좌 사건의 광부대표 李元甲씨가 기자들과 만나 사건의 경위를 자세히 설명하고 있다.

광부들이 점거했던 舍北邑 지서에 4월24일하오 태백현청선경찰서장과 새로 발령을 받은 경찰관들이 지서건물에 들어가 근무하며 주민들의 질문을 받고 있는 기자들에게 사항을 설명하고 있다.

4월26일낮 東原탄좌 광장의 함성을 듣고 함성을 외치는 광산소년들.

빈민들을 '무당'이나 '무속'과 연결 짓고 불법과 무질서로
이미지화했다. 미디어에 보도되는 사진 이미지들은
피사체를 폭력적으로 그리면서 그들의 삶을 수탈했다.

　　당대 광주의 주요 사진 매체였던 《전일그라프》[3]와
《포토전매》에 '전남'의 이미지가 반복적으로 실렸다는
것은 의미심장하다. 잡지에 실린 사진 이미지들은 '도시'
광주를 중심으로 전남 지역들에 방사상으로 확장되는
포디즘적 공간 체제를 강화하는 데 활용되었다. 다시 말해,
광주(내부의 지역을 포함)와 전남의 각 지역을 위계적으로
연결하고 사진 이미지를 통해 지역을 미학적으로
규정하는 작업이 이루어졌다. 광주와 몇몇 공업단지
일부를 제외하고 거의 모든 '전남' 지방의 이미지는
'자연'으로 환원되어 포착되었다. 잡지에는 지방과 마을의
민족지적 정보가 게재되었다. 일제 말기 총동원 체제에서
'남양군도'가 원시의 고향으로 이미지화되었던 것처럼,
전남은 신비로운 자연과 전통을 유지하고 지속하는
장소 혹은 공간으로 이미지화되었다. 저개발과 낙후의
이미지를 '자연'으로 포장해 가난과 빈곤을 뒤덮어 버리는
미학적 전략이 이 두 잡지의 기본 축이었던 셈이다. 그

　　[3] 1970년부터 사진가 강봉규에 의해 발행된 《전일그라프》는
전남일보사의 화보신문이다. 10여 년 동안 발행되었지만 《포토전매》와
마찬가지로 1980년 언론통폐합법에 의해 폐간되었다. 『광주전남언론사』,
688~690쪽.

결과 지역 간 불균등 발전과 낙차는 가려지고 광주와
전남을 일직선으로 연결하는 폭력적인 이미지 교통망이
적극적으로 형성되었다.

경관 이미지의 생산과 재생산

전남의 자연을 포착한 사진은 1970년대에
본격적으로 나타났다. 지리산, 백운산, 백양사, 월출산,
무등산 같은 산악 경관과 신안의 홍도를 비롯한 바다
경관이 사진의 주요한 대상이 되었고 전시회는 주로
도시에서 열렸다. 1971년 2월 8일에서 14일까지 광주
맘모스 다방에서 열린 사진전 「산」에는 강봉규 「무등산의
원경」, 「지리산의 철쭉」 외 5점, 오종태의 「무등산의
입석」, 「무등산의 서석」이 전시되었고 1975년에는
제2회 강봉규 사진 작품전 「산」이 광주 전일미술관에서
3월 27일에서 4월 2일까지, 1978년에 신복진 사진전
「산」이 11월 5일에서 17일까지 전일미술관에서 열렸다.
1985년에 최병오[4]의 사진 작품집 『자연과 풍물』이,

---

[4] 1933년 전남 해남 출생. 1957년 조선대학교 예술학과
수료. 1960년 해남농고 미술 교사 부임. 한국사진작가협회
회원(1980~2001), 동아일보사 사진 동우회 전남지부장(1984~1985),
한국사진작가협회 전남지부장(1984~1985), 현대미술대전 초대 작가
및 심사 위원(1988~1999), 대한민국 사진 전람회 초대 작가 및 심사
위원(1988~2000), 광주직할시미술대전 초대 작가 운영 위원(1995~1999),
한국사진작가협회 자문 위원(1995~2001) 역임.

1995년에는 그의 자연경관 사진 작품집 『한국의
산하』가 출간되었다.[5] 『한국의 산하』에는 "Tourism in
Chonnam, Korea"라고 쓰인 두 장의 카드가 끼워져 있다.
최병오 작가의 작품이 복제된 카드는 사진 '작품'이 관광
이미지로 치환되고 있다는 증거품이다.[6]

　　이 카드는 《전남일보》가 모체인 전일출판
실업국에서 임의로 편집하고 끼워 넣은 것으로 보인다.
최병오가 회화처럼 찍었던 경관 사진들 속 산과 강은
지역성을 드러내는 민속지적 성격보다는 자연에 대한
경탄과 찬사에 가까워 보인다.[7] 이처럼 그가 찍은
사진의 회화적 성격은 그가 오지호[8]에게서 사사받은

〔5〕『광주전남사진사(1943~1993)』(광주전남사진사 편찬위원회,
1994) 참고.

〔6〕 역사적으로 사진은 인종이나 종족, 민속, 민족을 규정하는
테크놀로지로 활용되었다. 일제강점기에 '내지' 일본에 '조선'을 소개하기
위한 각종 사진 엽서들은 조선 '관광'을 위한 용도로 활용되었다. 조선의 주요
대도시와 명산, 경주와 같은 유적 도시들의 이미지가 특히 그러했다. 식민지와
본국의 관계와 마찬가지로 사진은 그 자체의 경관이 아니라 그 장소에 관광을
오는 이들을 위해 위계적인 방식으로 만들어진다.

〔7〕 최병오는 작품집 『한국의 산하』 사진 캡션에 주로 자연에 대한
찬사를 쓰고 있다. "한줄기 瑞光(서광) 老姑壇(노고단)」. 빛은 북녘 하늘
먹구름 틈으로 금방이라도 터질 것만 같다. 짙은 안개는 하늘을 덮고 반야의
허리를 감싸며 호수처럼 맑다. 환희와 기대의 아침. 구름 사이로 한 줄기
희망의 빛이 내린다." 최병오, 『한국의 산하』(전일실업출판국, 1995), 129쪽.

〔8〕 1905년 전남 화순 출생. 한국 1세대 서양화가이자 대표적인
인상주의 화가. 도쿄미술학교 졸업 후 1948년부터 광주에 정착, 1960년까지
조선대학교 미술학과 교수로 재직했다. 대표작으로 「남향집」(1939),
「화물선」(1970) 등이 있다.

이력을 통해서도 수긍할 수 있는 대목이나, 최병오
사진의 이런 속성은 단지 개인적 이력으로 환원할 수
없다. 오종태와 배동신이 사진, 회화 2인전을 했다는
기록에서도 알 수 있다시피 광주·전남 지역에서는
사진과 회화 사이의 논쟁이 전면적으로 등장하지 않았다.
1970년대 광주·전남의 회화 작가들과 사진가들은
장르적 구분이나 경계와 관계없이 전남의 자연에 대한
감수성을 공유하고 있었다. 이들 작품 속 자연은 조선
시대 남종화(南宗畵)에서 그려진 것처럼 이상화된 자연에
가까운 것이었다.

　　그런데 이 전남 자연경관의 아름다움에 대한
찬사가 갖는 무의식적인 정치적 속성과 더불어 사진이
지닌 물질성에 대해 생각해 볼 필요가 있다. 사진이라는
매체의 핵심은 복제 가능성이다. 사진은 유통되고
편집되며, 관광산업뿐 아니라 과학, 기술 분야 등 어디로든
이용될 수 있다. 최병오가 자연에 대해 순수한 찬사만을
보냈더라도, 그리고 그가 자신의 사진을 '예술 작품'으로
간주했더라도 그의 사진은 '지역 관광'을 위한 이미지로
얼마든지 편집될 수 있었다. 순수하게 미적인 것일수록
상품화되기 쉽다고 20세기의 사상가들이 말했듯이,
자연은 언제나 타자화되기 쉽다. 자연은 정치적일 수밖에
없다.

　　지역 개발의 욕망이 지역 안팎에서 등장하면서,

점점 늘어나는 지역의 이미지 생산 또한 특정한 방향으로
정향되어 정치적 효과를 발휘하게 되었다. 이때 지역
개발을 위해 필수적으로 조성되는 환경은 경관을
미학적으로 주조하며 파노라마화하는 장치이기도 했다.
예컨대, 도시 개발이 이루어질 때는 지역과 지역을
잇는 건조 환경(built environment)이 조성되어야 한다.
지리학자 데이비드 하비에 따르면 고속도로는 생산을 위한
것이자 소비를 위한 것이다. 건축자재나 화물을 나르는
수단인 동시에 관광을 위한 경로로 이용되기 때문이다.
따라서 어떤 지역에 이 건조 환경이 조성된 순간부터
지역의 경관은 지리적, 물리적, 이미지적인 변화를 피할
수 없다. 박정희 정권의 숙원 사업이었던 고속도로 건설이
실현되면서, 경관과 이미지는 상상을 초월하는 변화를
겪었다.[9]

　　그중에서도 1970년대 건설된 남해고속도로,
호남고속도로나 1980년대부터 본격화된 호남선의
복선화는 전남의 경관 이미지를 생산한 유물론적

---

[9] 철도가 조선에 처음 들어왔을 때, 시속 30킬로미터 내외에
불과한 기차를 새보다 빠른 것으로 묘사한 1900년대 초기의 신문 기사를
떠올려 볼 수 있다. 실제로 기차는 차창을 통해 바깥의 풍경을 프레임을
통해서 지각/감각하도록 만들었다. 고속도로는 새로운 속도를 통해 지역과
지역의 시공간적 경험을 달리 만들었고 바깥의 풍경을 이전과는 다른 세계로
조성하는 스펙터클 정치가 이루어지는 공간이기도 했다.

조건이었다.[10] 1973년 남해고속도로 개통과 그 경관이 담긴 사진은 근대적 테크놀로지와 경관 사이에 밀접한 관계가 있다는 증거다. 고속도로는 장소를 수직적인 방식으로 감각되도록 재조정한다. 산과 강을 수직적으로 경험한다는 것은 그 장소가 더 이상 삶의 영역이 아니라 지배와 통치가 실현되는 정치의 장소가 되었다는 의미이다. 수직적 시점의 소실점에는 사실상 시각적 주체를 관리하고 통제, 조절하는 주권자가 있기 때문이다. 원근법의 중핵에는 지배의 그림자가 어른거리고, 그 이미지를 '본다'는 것은 주권자의 권능에 복종한다는 의미이다. 혹은 피사체로 찍혀 있는 산과 강이 주권자의 권능이 다스리는 (식민지적) 영토가 된다는 것을 함축한다. 그러므로 산과 강이 '관광지'로 조성되고 그곳으로 가는 여행이 이루어지는 것은 단순히 '관광'을 넘어 지배와 통치가 실현되는 실천이라고 할 수 있다.

수많은 아마추어 사진가들을 대상으로 이루어진 1970년대의 사진 콘테스트는 이런 '질서'를 시각적으로

[10] "노령산맥을 사이에 두고 단절 생활을 해 왔던 영호남이 호남, 남해고속도로의 개통과 더불어 하나의 경제권, 문화권으로 발전, 지역 개념, 사투리 등 격차가 해소될 날도 멀지 않았다."《매일경제》, 1973년 11월 13일. "絶景(절경) 湖南高速(호남고속) 이용한 智異山觀光(지리산관광)"《매일경제》, 1973년 11월 16일. 국토 순례와 경관을 활용한 통치는 이 당시 북한에서 이루어진 정치적 수사와 함께 살펴볼 필요가 있다. 안진희,「북한 통치 수단으로서 경관의 활용 방식 연구:『로동신문』현지지도 보도를 중심으로」,《국토연구》104권(2020) 참고.

미학화하고 동시에 내면화하는 체계를 자발적으로
익히도록 했다. 이 콘테스트는 수많은 등산 마니아,
동호회, 산악 사진 협회들과 지역 사진가들을 길러
내면서 미화된 자연경관을 생산하는 체제를 조직했다.
이들은 대부분 지역 사진의 명망가를 스승으로 모시며
자연경관에 대한 관점이나 적절성을 '심사'받았고, 이를
기반으로 지역 사진작가로 재생산되었다. 이들은 미화된
자연경관의 구도와 배치를 내면화했으며, 고속도로와
철로를 통해서 자연을 삶의 영역이 아니라 지배와 통치의
영역으로 전환하는 데에 적극적인 역할을 했다. 산악
사진가들, 지역의 이미지 생산자들은 은연중에 저 멀리
있는 경관을 복제하여 안방으로 들여오는 데서 멈추는
것이 아니라 '직접' 가도록, 그리하여 지배의 원근법을
안방에까지 '복제'해 받아들이도록 훈련받았다. 하지만
모든 자연경관의 이미지가 이 권력 질서에 봉사하기만
했던 것은 아니다. 우연하고 돌발적인 전환이 이루어지는
순간이 있다.

　　　근대적 기획을 어긋내는 방식은 그 기획 내부에
잠복해 있기 마련이다. 산악 사진가였던 오종태의
경우가 그렇다. 사진가 오종태는 근대적 기획이 가장
강력하게 작동했던 현장에 있었으며 수많은 이미지들이
생산되던 조건 아래 있었다. 1960~1970년대에는
전국적으로 산악회들이 많이 설립되어 본격적으로

산악 사진들이 찍히기 시작한다. 광주에만도 1969년
광주전남학생산악연맹, 1958년 무등산악회, 전남대학교
OB산악회가 설립됐고 조선대학교산악회 OB는 1965년,
바자울은 1971년 설립됐다. 1969년 창간된 산악 잡지
《월간 산》은 지금까지도 간행되는 유서 깊은 잡지다.
"100만 산악인의 유일한 교양지"로 소개된 《월간 산》은
지역 곳곳의 산을 소개하고 발견한 경관 사진을 싣고,
전시로 공유해 왔다.[11]

　　산악인과 산악 사진가들이 그곳에 직접 가
보았다는 사진의 이 직접성은 폭력적인 방식으로
활용되지만, 다른 맥락으로 이행하는 과정들이 출현하기도
한다. 지배와 통치의 보완적 형식으로 사용되었던 전남
이미지 생산의 광범위한 흐름들은 후속 세대의 이미지
생산자에 의해 반성적으로 통찰되기도 했다. 무엇보다
이 글의 서두에서 언급했던 '사북 항쟁' 이미지들을 '직접'
다루고자 했던 한 예술가의 태도는 이미지의 덮어쓰기가
어떻게 이루어질 수 있는지를 보여 준다.

사진 이미지의 재생

　　고착화된 이미지는 시대와 장소를 훌쩍 뛰어넘어
신체에 각인될 정도로 강력하다. 따라서 많은 시간과

[11] 「월간 산 사진전」, 《경향신문》(1974. 3. 5).

에너지 그리고 자본이 투여되어도 훼손된 이미지가
'회복'될 수 있는지 여부는 알 수 없다. 여전히 5·18 항쟁을
빨갱이들의 소행이라거나 폭도들의 무법천지라고 보는
이들의 시각은 좀처럼 바뀌기 어렵고 심지어 5·18 항쟁에
북한의 특수군이 참여했다는 궤변[12]만으로 재활성화될
정도로 강력하다. 그러므로 광주 지방 언론에서 반복한
사북의 이미지에 대한 다시 말하기가 그 지방에서
이루어질 때, 고착된 이미지를 해체하고 재구성할 기회를
겨우 얻을 수 있다. 어떤 항쟁이 또 다른 항쟁의 지역에서
지독하게 폄훼되고 부정되어 왔다면, 항쟁을 부정해
온 지역에서의 성찰은 필수적일 것이다. 다행스럽게도,
광주에서 오래 예술 작업을 이어 온 박화연 작가가 사북의
이미지를 광주에서 다른 이미지로 제안한 바 있다.

박화연은 2018년 사북을 처음 만났다. 그는 사북
항쟁을 주도했던 이원갑 사북항쟁동지회 명예 회장과
그의 아내 조순란을 직접 만났고 그의 이야기를 들었다.
광주에서부터 먼 길을 달려 한 작가가 직접 찾아와
이야기를 들었다는 것은 사건이나 다름없는 일이었다.
직접 찾아와 이야기를 들었다는 것은 카메라 앞에서 뻔한

[12] 극우 논객 지만원은 5·18 당시 사진 속의 인물이 북한
사람처럼 생겼다는 이유로 이를 광주에 잠입한 북한군 '광수'라 칭하면서
허위사실을 유포한다. 영화 「김군」(2019)은 지만원의 주장으로부터 시작해
'제1 광수' 찾기에 돌입한다.

질문과 예상되는 응답을 요구한 것이 아니라, 이원갑과
조순란에게서 사북을 '배우려' 했다는 의미이기 때문이다.
사북에 대해 배우려는 태도는 사북을 경험하는 방식도
변화시킨다. 박화연 작가의 「쓰이지 않은 영상 속」은
술자리뿐 아니라 막장에서도 쾌활하던 선배 광부들이
사북 이야기만 나오면 입을 꾹 닫는다는 이야기로부터
시작한다.[13] 광부들에게 '사북'은 "잘못 이야기하면 박살
난다."라는 자기검열이 곧바로 작동하는 조마조마하고
아픈 이야기였다. 회복은 너무도 더뎠고 40년도 넘는
시간이 지나갔다. 박화연의 카메라는 사북을 민주항쟁으로
인정해 달라는 시위 현장 장면을 거쳐 광주로 향하고,
광주에서의 5·18 기념식에 다다른다. 사북과 광주가
중첩되며 한데 기념되는 듯한 장면이 영상에서 펼쳐진다.
　　박화연 작가는 사북을 몇 번 더 방문하면서
구술 아카이빙과 영상을 만들었다. 증언 구술 아카이빙
「메아리가 되어 1」, 「메아리가 되어 2」, 그리고 영상
작품 「Voice」와 광주트라우마센터의 잡지 《그라지라》의
인터뷰에서 드러나는 사북은 무도한 폭도들이 출몰했던
지역이 아니다. 자연이라 할 수도 없고 버려진 탄광도
아니다. 동원탄좌와 탄좌 주변에 꽂힌 깃발과 바람이

---

〔13〕 박화연 작가는 이 영상에서 김창완 강원랜드 사회적 가치 실현
실장, 이원갑 명예 회장의 부인이자 사북 항쟁의 목격자이기도 한 조순란 여사
등을 인터뷰한다.

담긴 박화연의 이미지는 폭도라는 프레임에 묻힌 사북의 목소리들을 이미지로 구현하고 이원갑의 결연한 목소리를 담아서 광주에 도착했다. 사북을 더는 상처 입히지 않으려는 박화연 작가의 영상 데이터는 광주에서 2020년, 2021년에 개최된 두 전시 「우리는 자리를 비우지 않았다」 와 「빈집」에서 재생(play)된 바 있다. 사북의 이미지가 광주에서 재생(reborn)될 수 있는 장소가 박화연의 이미지를 매개하여 생긴 것이다.[14] 사북의 이미지가 광주에서 재생될 때, 광주 또한 또 다른 항쟁의 아픔을 안을 수 있는 장소로서 재생된다. 사북의 회복이 광주, 전남의 회복이기도 한 이유이다.

[14] 사북 이미지 회복의 좋은 사례가 하나 더 있다. 이원갑과 탄광촌 노동자, 가족들의 모습이 담긴 조세희 작가의 『침묵의 뿌리』(열화당, 1985)가 사북의 한 이미지가 되기도 했다.

「메아리가 되어 1」(2019), 증언 구술 아카이빙 영상의 일부분.
사진 제공 박화연

「메아리가 되어 2」(2020), 증언 구술 아카이빙 영상의 일부분.
사진 제공 박화연

2장

광주
2순환도로

나는 아직도
1순환도로에서

광주가 대도시의 외형을 갖추게 된 것은 1순환도로가
지어지고 나서부터다. 지금의 서암대로, 필문대로,
대남대로, 죽봉대로를 통틀어 부르는 이 도로는 금남로를
중심으로 한 원도심을 감싸면서 광주 내부를 통과한다.
그러나 30여 년 전에 1순환도로는 남광주역과 조선대학교,
광주역 등을 지나며 도시 가장자리를 도는 외곽 도로였다.
완공되었을 무렵부터 광주의 인구는 꾸준히 늘었고
광주시는 2순환도로와 더불어 여러 신도심과 택지지구를
조성했다. 2순환도로는 도시의 확장과 빨라진 속도를
의미한다. 건설이 시작된 2000년대 초부터 구도심
지역에서 상무지구 및 광산구의 첨단, 수완, 신창, 신가지구
등 북서쪽으로 도시공간이 활성화되기 시작했다.[1]
광주는 팽창을 거듭하면서 외파했다.
        1990년대생인 나는 유년기를 새로 지어진

[1] 김영우·김민석, 「광주광역시 제2순환도로에 의한 도시공간
구조의 변화 연구: 공간 구문론 활용을 중심으로」,《대학건축학회연합논문집》
18권 1호(대한건축학회지회연합회, 2016), 66쪽.

광주 1순환도로 중
죽봉대로

신도심의 택지지구에서 보냈다. 그곳의 아파트 단지에
살던 때가 안락하기는 했던지 나쁜 기억은 없지만
딱히 특별한 기억도 없다. 어쩌면 그 공간이 기억을
정박시키기엔 너무나 매끄러웠던 탓일 수도 있다. 주거와
편의시설, 학교와 관공서로 구분된 도시 안에 잡동사니가
모인 공터나 으스스한 이야기가 깃들 만한 폐가는 없었다.
도시의 한정된 생태를 벗어나기 위한 조건은 주어지지
않았던 셈이다. 안락한 유년기가 끝나던 순간에 IMF라는
국가적 경제위기가 있었고, 우리 가족은 구도심으로
주거지를 옮긴 이후 아직 신도심에 안착해 본 적은 없다.
그리고 나는 광주를 떠날 수 없었다. 좋고 싫을 것 없이
사는 가족처럼, 별 계산속 없이 눌러앉았다고나 할까.

　　　언제부턴가 구도심의 공기에는 먼지가 끼기
시작했다. 공기 속에 떠나지도 정착하지도 못하는 먼지가
미끄러지듯 날리고 있다. 해가 갈수록 빈 동네가 늘어 가고

친구들은 흩어지고 가족들도 헤어진다. 다시 오겠다는
기약 없이 사람들이 떠나고 있다. 헤어짐의 반복이 지역
소멸이라는 의제로 만들어진 지 오래다. 빈 공간을
채우고 사람들을 살게 하려고 여러 방책이 시행되고 있다.
끊임없이 도시를 브랜딩하고 이미지를 만든다. 이를 위한
주된 방법은 재개발, 재건축, 도시재생을 하면서 도시의
외관을 바꾸는 일이다. 공사가 반복되고, 아무 일 없을 것
같았던 도시에 커다란 균열이 갔다. 2021년과 2022년,
학동과 화정동에 붕괴 사고가 일어났다.

　　당연하듯 여겨지던 도시공간이 비틀리고
무너지기 시작한 이후 다시 이곳의 일상을 점검할 필요가
생긴다. 수많은 신상 아파트가 들어서고 땅값이 오르는
것이 광주만의 일은 아니겠지만 이곳의 오름세는 꽤
유별나다.[2] 땅이 들썩이는 탓에 몇 번이고 이사하고

---

　　[2] KOSIS(국가통계포털) 2022년 자료에 따르면 광주는 세종시
다음으로 주거 유형 중 아파트 비율이 높다. 단독주택은 26%, 아파트는
67%다. 세종시의 경우는 단독주택 18.2%, 아파트는 77.2%다. 2018년
자료를 보면 단독주택 비율은 29.2%, 아파트 비율은 64.4%다. 지역의 주요
광역시 중에서는 아파트 비율이 가장 높으며, 시간이 갈수록 아파트의 비율이
높아지고 있음을 알 수 있다. 지금도 광주에 아파트가 계속 지어지는 중이고,
재개발이 진행되는 구도심에서는 아파트 단지를 짓는 공사장 가림막을 흔히
볼 수 있다. 2019년 광주의 강남이라는 봉선동의 집값이 천정부지로 솟았고,
외지인들이 대거 매수한 것이 그 배경이라는 소문은 사실로 드러났다. 「광주
봉선동 아파트 외지인 대거 매수 '사실로'」,《무등일보》, 2020년 11월 17일.
재시공하기로 결정한 서구 화정동 아이파크 2단지 입주권이 약 20억 원에
거래됐다는 기사가 났다. 「무너져 다시 짓는 화정아이파크 20억에 팔렸다….

도시를 부랑하기 시작한 건 어쩌면 1980년대 1순환도로가
지어진 때부터였을 것이다.

　　광주는 항쟁의 장소였다. 1980년 5월 이웃집
곳곳에서 상이 치러졌다. 그리고 그때를 틈타 상실의
빈자리를 메꾸듯 수행된 대대적인 재개발과 도로공사들은
도시 곳곳에서 항쟁의 기억을 박멸하려는 듯했다.
그로부터 40여 년이 지난 지금 그때 광주를 재편했던 체계
위에 또 다른 개발들이 진행되고 있다. 도시 외곽에 지어진
2순환도로를 타고 시속 90킬로미터로 신도심에 도달했을
때 광주는 잔상으로도 남지 않고 완벽하게 삭제되고 만다.
커다란 순환도로가 도시를 감싸고 돌 때 함께 외곽으로
빠져나간 것은 사람들만이 아니라 도시 안쪽의 기억이다.
도시가 재편되면서 기억은 어디론가 사라져 버렸다.

　　1980년 5월 27일. 항쟁을 진압한 신군부는 행정을
동원해 재빨리 폭력의 현장을 탈각시키고 은폐하고자
철저한 방역에 고심한 바 있다. 어릴 때 양동에 살았던
한 선생님은 그날을 기억했다. 소독차가 지나가며 자욱한
연기로 거리가 뒤덮였던 날, 길가에 널브러진 몸과 그 몸을
껴안고 울부짖던 사람도 어디론가 사라진 길에는 역한

우리 고향 집값 맞아?」,《헤럴드경제》, 2023년 9월 30일. 광주의 전체적인
집값은 지역민 소득과 비교해 비싸다는 기사도 나온다. 「광주 집값, 지역민
소득과 비교해 비싸다」,《광주일보》, 2023년 7월 2일.

소독 냄새가 배었다고 했다. 도시 전체가 연기와 냄새로
하루하루의 경험과 기억을 방역해 지우고자 했다. 역사를
끝장내기 위한 도시 방역 체계가 오히려 항쟁의 시공간을
더 강렬하게 각인시킨 꼴이었다. 소독은 도시의 물리적
공간에서만 이루어지는 것이 아니었다. 항쟁의 시공간에
대한 경험과 기억을 말소시키기 위해 대대적인 검열도
함께 이루어졌다. 아니, 오히려 검열이야말로 항쟁이 끝난
도시를 처리하는 방식을 시각적으로 훨씬 더 선명하게
보여 준다고 해야 한다. 1980년 6월 2일 자《전남매일》에
실린 김준태의 시 「아아, 광주여 우리나라의 십자가여!」는
붉은색 사인펜으로 정교하게 검열되었다. 도시 전체를
장악하고 통제하기 위한 소독과 방역처럼 시 한 편에
대대적으로 가해진 검열은 입과 말을 소독하고 방역하듯이
이루어졌다.

　　하지만 시에 대한 검열이 일어나던 이 시기에
강제로 기입된 일상은 온전하게 유지되지 못했다. 항쟁이
진압되고 12일 후인 6월 7일 금남로 지하의 '거북장
클럽'에서 발생한 대형 화재는 강제된 일상이 기입된
도시와 도시 생태계가 난데없이 사람을 죽음으로 몰아갈
수 있음을 보여 주었다. 스물세 명이 유독가스에 질식해
유명을 달리했다. 항쟁 기간에 건물이 불타고 타이어와
차량이 그을리고 시민들이 억울하게 죽거나 폭력의
희생자가 되었으나, 도시를 작동하게 만드는 일상적

규칙과 규범에 의해 삶이 파괴된 경우는 없었다. 항쟁의 불과 연기는 소독 연기로 진압되면서 질식의 공기가 되어 버렸다. 결국 시에 대한 소독과 방역은 일상을 지속시키기는커녕 질식을 일으켰다고 할 수 있다.

시를 오려 내고 도려내 형해화하듯, 도시는 신군부에 의해 재빠르게 철거되고 재편되었다. 총칼 대신 중장비가 들어온 1984년 12월 15일 광주는 다시 먼지로 가득해졌다. 백운광장에서 남광주역까지 순환도로를 뚫는 일은 광주의 숙원이었다. 1967년부터 고시되었던 순환도로 공사는 17년간이나 미루어져 오다가 항쟁이 일어난 지 4년 만에 다시 시작되었고 착공한 지 얼마 지나지 않아 완료됐다. 이후 1992년에 국가에서 내어 준 보조금과 시 예산을 꾸린 광주시는 2순환도로 공사를 시행하며 기대감을 드러냈지만, 이 사업이 또 달리 기입할 일상이 어떤 것인지는 고려하지 않았다.

도로공사가 지니는 의미는 크다. 가로를 넓힘으로써 이동을 촉진하고, 주요 도로 구간을 중심으로 뻗어 나가는 길을 만들어 주변의 흐름을 형성한다. 그럼으로써 광주는 또 다른 도시로 재편되기 시작한다. 도시 전반을 정비하는 재개발인 순환도로 공사는 항쟁의 흔적을 남김없이 삭제했다. 1980년부터 1990년대까지 진행된 도시재개발은 광주라는 항쟁의 시공간에 스민 경험과 기억을 박탈하는 데 주저하기는커녕 이를

자발적으로 수행했다. 1순환도로가 만들어지면서 항쟁의
불꽃과 연기는 먼지로 변해 질식을 촘촘하게 강화해 간
셈이다.

　　1980년 6월의 화재 참사 이후 40여 년이 흐른
뒤 발생한 학동의 붕괴 사건은 도시 자체가 먼지를
일으키며 무너지고 있음을 보여 준다. 2021년 6월 9일
현대아이파크 아파트 단지를 짓느라 철거 중이던 학동
4구역, 절반쯤 남은 5층 건물이 무너져 도로를 지나던
시내버스를 덮쳤다. 붕괴의 장면에서 풀썩 솟아오른
먼지구름을 보았다. 건물이 왕복 8차선 도로 위로 쏟아져
내린 것은 우연한 재난이라고 할 수 없다. 도시의 시공간에
대한 일방적인 통제가 기관의 주도로 합법적으로 이루어진
지 40년이 지난 지금, 최소한의 안전장치마저 사라진
그 자리에서 학동 참사가 일어났다. 쏟아져 내린 푸석한
흙먼지는 학동 4구역에서 내려앉았으나 사실 도시 어디도
먼지 아닌 곳이 없다. 일상을 잠식하고 생존까지 위협하는
도시는 자기 자신을 잠식해 가는 중이다.

　　도시가 자신마저 집어삼키기 전에는 달리
고치고 개발할 것이 많았다. 다리와 고가가 많이 지어진
시기가 그때다. 광주 시내 복판을 흐르는 광주천에는
1970년대까지만 해도 뽕뽕 다리가 많았다고 한다. 뽕뽕
다리는 말 그대로 구멍이 뽕뽕 뚫린, 공사장에서 쓰는 유공
강판을 이어 만든 임시 다리다. 1985년 8월 15일에 마지막

남은 뽕뽕 다리가 철거되었다는 소식이 《광주시보》에
실린다. 이는 흔들거리던 임시 구조물이 튼튼한 다리로
대체되었다는 사실만을 의미하지 않는다. 강을 가로지르는
구조물이 이제 사람들 자신의 요구 때문에 지어지기보다
도시 재개발과 함께 어떤 계획에 따라 만들어지게
되었다는 것을 의미한다. 뽕뽕 다리가 가로가 넓은 도로에
편입되어 해체되듯 거미줄처럼 얽힌 동네의 골목들도
그렇게 무너졌을 것이다. 더구나 길을 삭제하고 지어진
도로에 덧붙여진 고가는 애초 교통량을 염두에 둔
구조물이다. 순환도로에 밀집되는 교통량을 분산하고 잘
통과하도록 만들어진 고가는 계획에 추가된 수정 사항이자
커다란 순환도로를 유지하고 보충하는 장치와 같았다.
그중 1순환도로 구간의 대표적인 고가 다리인 백운고가가
2020년 6월에 철거됐다. 인구가 늘어나고 교통혼잡을
덜기 위해 세워진 고가는 지금의 빈 구도심에서는
쓸모없게 되었다. 2순환도로로 또 달리 재편되는 도시
생태계 속에서 1순환도로 곳곳은 철거되고 있다. 50년 된
구도심의 시스템이 낡아 가는 와중에 '도시재생'이라는
다른 이름이 붙은 시스템이 그 자리를 대체할 예정이다.
눈앞을 가린 먼지는 갈수록 자욱해진다.

　　순환도로는 단지 물질적 구조물만은 아니다.
일상의 호흡을 전쟁터처럼 조직하는 참호의 길이다.

거대한 도로를 짓느라 골목길이 부서지는 동안 사람들의
일상도 바뀌었다. 의식적으로든 무의식적으로든 도시는
사람들의 시간과 공간을 오래도록 조직해 나간다. 이런
먼지 같은 도시 속, 그럼에도 우리가 아직 살아 있다는
사실로부터 시작해 본다. 지금은 '아직'에 불과하지만, 살아
있는 사람들이 '여전히' 살아가기 위해서는 서로에게 숨을
불어넣는 수밖에 없다. 질식된 순간에 생명을 불어넣는
누군가의 인공호흡처럼.

순환도로 이전의 교통

파동으로, 음파로 도시가 조형되었다고 전제하는
데서 시작해 보자. 이 파동이 시민들의 신체에 홈을
만들고 리듬을 부여해 일상의 시공간과 생애사가
사운드스케이프를 이루었던 한 시기가 있다. 아침마다
벌어지는 각종 훈화나 교시, 말씀은 시민과 노동자,
학생들의 신체에 홈을 만들었지만, 그것과 상관없이
이들의 눈과 귀는 지저귀는 새소리, 귀뚜라미의 울음,
배를 뒤집고 반짝이는 은사시나무로 정향되곤 했다.
어느새 교시나 말씀은 이들의 몸에서 교통체증을
일으키기 시작한다. 훈화와 교시 아래에서 이루어지는
은밀한 눈빛과 표정, 몸짓, 쪽지 같은 비정규적 교통은
'대화적 신체'를 구성한다. 국기를 게양대에 내릴 때,
도시 전체를 마비시키는 '국가 연주'가 공공 스피커를
통해서 흘러나올 때조차 발가락을 꼼지락거리며 장난을
친다든가 당구장에서 '히끼(회전)'를 주며 당구비 내기에
열중하는 골칫덩어리들을 목격하는 것은 어렵지 않은
일이기도 했다. 지배적 교통뿐 아니라 비지배적 교통의

사운드스케이프 역시 도시의 중요한 교통로였다고 할 수 있다.

지배적 교통과 비지배적 교통의 교차를 가장 잘 보여 주는 사례는 광주 전남은 물론이고 전북, 강원, 경기, 충남과 제주도 일부까지 전파가 닿았던 '전일방송(VOC)'이다. 지역 민영 방송인 전일방송은 한편으로는 지배적 교통로 역할을 담당했지만 명령과 통제, 조절에 부합하지 않는 일종의 '파열음'을 내장한 방송이었다. 전일방송의 목소리는 갈라질 수밖에 없었다고 할까. 광주 지역 학생들이 주로 참여한 장학 퀴즈와 다양한 세대를 위한 고민 상담 프로그램, 직접 송신기를 단 차가 채집한 시민들의 목소리까지, 지역에서 지역으로 증폭되는 '사운드'는 일방적으로 전달되지 않고 상호적이거나 경합하는 장이 되었다. 신청곡을 보내고 노래가 나오면 함께 따라 부르기도 했던 사람들의 목소리는 경합하는 사운드로 도시를 조성했다. 그리고 무엇보다 도시 한복판에서 총성이 울리던 밤, 광주의 사운드스케이프는 독창에서 삽시간에 외침, 함성, 합창으로 전환되었다. 거의 울음이 범벅된 음성이 메가폰을 거쳐 이불을 뒤집어쓴 시민들의 고막에 가닿아 몸에 홈을 팠던 바로 그 순간 광주는 도로 없이도 서로의 몸을 통해 연주할 수 있는 기반을 조성했던 셈이다.

전일방송국(현 전일빌딩) 전경
(《전남일보》1980년 11월 29일)

1971년 개국한 전일방송은 전국적인 청취율을
자랑했다. 전일방송은 광주 전남 유일의 지역방송이자
지역민들을 교통시키는 인프라나 다름없었지만 1980년
11월 광주KBS로 통합되고 만다. 지역 언론을 소각해 버린
주범인 언론통폐합법은 광주의 5·18을 계기로 만들어졌다.
그 법은 경합하는 사운드스케이프로 만들어진 도시의
역량을 무너뜨린 셈이다. 전일방송국은 전남일보와 함께
당시 광주에서 가장 높은 건물이던 전일빌딩에 위치해
있었다. 1980년 5월 27일 헬기 사격 소리를 듣고 사동의
자택에서 새벽에 뛰쳐나온 전일방송의 PD는 광주천을
건너 서둘러 전일빌딩으로 향했다.[1] 전파의 수집과
전파가 이루어지는 '대피소'이기도 했던 전일방송에

사격을 가함으로써 지역의 사운드스케이프는 파괴되고
만다. 전일빌딩에 남은 245개의 총탄 자국은 증언하는
신체들에 공포로, 모욕으로, 굴욕으로 똬리를 틀었다.

　　1980년 이후 도시의 체제는 합창이 아니라
자동차 소음과 공사장 소음으로 조직되면서 '침묵'을
지배적 사운드로 구성한다. 광주 광천동에는 18차선
무진대로가 평동산단과 하남공단까지 관통한다.
도로가 완공된 2000년대 중반 광산구에서 구도심까지
등교해야 했던 나는 이 도로 덕택에 아침잠을 조금 더
잘 수 있었지만 새로운 도로를 타면서 확연히 달라진
도시 풍경 속에서 말을 속으로 삼키는 버릇을 새겨 넣을
따름이었다. 황량한 무진대로 밖으로는 신세계백화점과
유스퀘어 버스터미널이 보인다. 이제 유스퀘어
버스터미널이 '광주신세계 아트 앤 컬처' 복합쇼핑몰로
조성되면 도로는 훨씬 더 붐빌 게 분명하다. 유스퀘어
고속터미널 맞은편에는 광주방송이 시행하고 호반건설이

　　〔1〕 2017년 진행된 전일방송 재직자 집단 인터뷰에서 이상옥 전
PD는 다음과 같이 증언했다. "당시 광주시 사동에 살았는데 5월 27일 새벽
헬기에서 군인들이 뛰어내리는 것을 보았고 도청 쪽으로 뛰어갔다. 당시 도청
쪽으로 날아가는 헬기가 사격하는 것을 봤고, 헬기가 '파바닥' 소리를 내며
빨간빛을 뿜어냈다." 이를 포함해 다수의 증언이 모두 헬기 사격이 있었다는
사실을 말하고 있다. 광주 유일의 지역방송국이던 전일방송국은 헬기 사격을
당했다는 증언의 공간이자 시민군들이 저항의 흔적이 남은 공간이 되었다.
「5·18 당시 헬기 공중 사격 자행됐다는 증언 쏟아져」,《시민의 소리》, 2017년
2월 23일.

시공하여 2020년 완공한 48층짜리 호반써밋플레이스
주상복합아파트가 서 있다. 광주에서 제일 높다는 건물은
차창 너머로는 다 보이지 않는다. 겨우 아파트의 복합상가
건물까지만 눈에 담길 뿐이다. 복합상가 건물에는
광주방송(KBC)의 방송국과 신사옥이 입주해 있었고
고개를 올려 건물을 다 식별하기도 전에 차는 미끄러져
갔다.

　　호반써밋 건물이 막 지어지던 시절에 어떤 소문이
돌았다. 광주방송에서 그동안 호반건설에 대한 홍보성
보도가 많이 나갔다는 이야기, '호반써밋플레이스'를
지으려고 광주방송이 광주시를 압박하는 보도를 내보내서
결국 건축 인허가를 받아 냈다고들 하는 이야기[2]들이다.
호반써밋이 지어질때 광주방송의 대주주는
호반건설이었다. 이 이야기들은 라디오나 방송이 다
통제하지 못한 말들이다. 자본이 장악해 버린 도시공간과
전파를 되찾는 일이 어려워지는 와중에도 사람들의 몸이
소문들을 실어 나르는 교통로가 되고 있었다. 이러한
소문의 교통로에 대한 역사에서 호반써밋 뒤쪽의 3층짜리
광천시민아파트는 주요한 장소다.

　　1970년 지어진 광천아파트 세 동에는 10평 남짓한

[2] 「호반 인수 언론사 '광주방송' 전철 밟아선 안 돼」,
《한국기자협회》, 2021년 7월 27일.

방들이 복도를 따라 죽 늘어서 있다. 공용 화장실과 공용
세면실을 써야 하는 오래된 아파트다. 지금은 빈방이
꽤 많지만 40여 년 전에는 이곳에 공단 노동자들이
많이 살았다. 1970년대와 1980년대의 광천동에
아세아자동차공장을 비롯해 수많은 작은 공단들이
빼곡했고 광주천만 넘어가면 전남·일신 방직공장도 있어
위치가 좋았다. 1978년 광주 전남 최초의 노동야학이었던
들불야학이 이곳에 자리했다. 공장 일을 끝내고 온
노동자들이 저녁밥을 먹고 7시에 야학 수업에 들어와 웃고
배우던 틈바구니에 윤상원, 박기순 열사도 살았다. 지금은
쩍쩍 금이 가고 색이 바랜 아파트가 생동하던 시절이었다.
들불야학의 강학과 학강이 모여 공부하고 웃고 떠들 때,
공장의 지시와 명령체계에 따라야 했던 몸들이 아파트
복도에서 부딪혀 서로 인사하고 장난을 주고받을 때,
그들 신체에는 항쟁이 흐르는 통로가 만들어지고 있었다.
전일방송 건물이 총탄을 맞고《전남일보》가 검열된 그때에
이 통로를 따라《투사회보》가 흘렀다.《투사회보》는
군인과 탱크로 막힌 도로를 뚫고 소문과 소식들이 오갈 수
있는 새로운 홈을 팠다.
　　　주파수가 검열되고서부터 민중의 파동은
서치라이트를 피해 미세하게 흐를 수밖에 없었다.
1979년 김민기의 「공장의 불빛」이 몰래 녹음되고
이듬해 2000개의 카세트테이프가 암암리에 뿌려졌던

것처럼 말이다. 잘 알려진 대로 김민기의 이 노래극은
1980년대 노동자들이 운동하게 된 모태가 되었으며
광주의 백제야학에서 그 연극이 재연되는 데에 이른다.[3]
김민기는 숨어 다닐 수밖에 없었지만 그가 남긴 곡조만은
노동자들에게 불리며 광장에서 생동했다. 민중이 다
함께 부르던 노래들은 애초에 누가 만들었는지가
중요하지 않고, 그 자리에서 그때마다 생산되는 파장에
가깝다. 대중가요와 대학생들의 창작가요를 내보내던
전일방송은 광주의 사운드스케이프를 형성하는 중요한
장치였지만, 사운드스케이프를 골방이 아니라 거리로
불러내고 파동으로 생산한 것은 바깥에서 함께 노래
부르는 사람들이었다. 사람들은 낯익은 멜로디에 가사만
바꾸어서 마음에 드는 노래를 만들었다. 그들의 노래는
「아리랑」,「홀라송」,「투사의 노래」,「애국가」등이었고,
간혹 노랫말조차 바꾸지 않아도 좋았다. 노래의 음조는
최소한의 SOC가 되어 그들 신체 파동을 담아 낼 수 있는
기관으로 작동했다.

[3] 광주발 전국적 히트곡과 그 배경을 담은 책 『모모는 철부지』는
백제야학에서 「공장의 불빛」 공연에 직접 참여했던 시민의 인터뷰를 통해
당시 상황을 구체적으로 보여 준다. "공연을 관람한 김민기는 한없이 많은
눈물을 흘렸던 것으로 기억합니다. 공연이 끝나고 술을 한잔 기울이면서도
눈물을 훔치며 '현장의 근로자, 노동자들이 직접 나와서 하는 이런 현실감
있는 공연을 처음 봤다.'며 '앞으로도 이런 공연이 많이 있으면 좋겠다,
감동적이다.'라고 했습니다." 최유준·장상은, 『모모는 철부지』(책과생활,
2021), 137쪽.

주파수와 전파가 찢긴 이래 더 치밀한 전파가 빈 곳을 대체했지만, 사람들의 신체적 파동은 미세하게나마 도시 저류를 형성하고 있다. 이 저류는 근래 크게 몇 번씩 드러난 적이 있다. 2018년 '미투(Me Too)'라는 비지배적 신체의 파동은 거셌다. 광장을 물리적으로 점거해야만 불릴 수 있는 투쟁의 노래와 달리, 미투는 외치고 이어 가는 것으로도 금세 광장을 만들어 버렸다. 이제 더는 명령이 몸을 침범하도록 두지 않겠다는 목소리, 목소리에 또 달리 얹어지는 목소리는 지배 체계의 원활한 교통을 몸으로 가로막는 바리케이드와 같았다. 신체 리듬과 박자에 가까운 요즘 음악처럼 계획도 서사도 필요 없이 오직 신체적 증언만으로 이루어진 미투. 온라인 공간부터 장악했던 그 중첩된 파장과 격렬한 합창을 상기해 본다. 목소리가 해시태그(#)를 경유했을 때 도로(=)는 가로막혀(//) 광장이 되었음을. 다시금 도시를 가로막는 파동을 요청해 본다. 그때 도시의 사운드스케이프는 신체적 파동의 몽타주처럼 드러날 것이다.

학동의 결집체들

1순환도로가 도는 구도심에 아직 존속하는 성매매
집결지의 맥양집, 방석집들은 성 산업 중에서도 가장
소외된 곳에 자리한다. 늦은 시간 집결지 근처를 지나가다
보면 간혹 홀복을 입은 여성들이 호객하는 것을 볼 수
있다. 밤늦게 그 거리를 지나가는 사람들은 매우 드물고,
지나가더라도 고개조차 돌리지 않고 걸음을 재촉하거나
길을 건너 피한다. 광주 학동삼거리, 운암동 기찻길 주변,
동구 황금동과 대인동, 북구 중흥동과 우산동 그리고 양동
닭전머리에 그들이 있었다. 현재 진행형으로 사라져 가는
집결지에 누구도 큰 관심을 두지 않는다. 도시의 소수자
중에서도 집결지의 여성들은 아무도 아는 척하지 않는,
보여도 보이지 않는 사람들이나 다름없다.

　　　몇 년 전 학동삼거리의 성매매 집결지가 사라지고
공원으로 조성됐다. 무등산의 진입로인 이곳에는 이미
2013년경부터 철거 및 정비 계획이 세워져 있었다.
당시에는 예산 문제로 무산되어 주변의 원성을 샀다고
한다. 집결지의 업소는 2018년까지만 해도 밤에 불이

정유승, 집결지와
비장소, 2018
광주 비엔날레
'상상된 경계들'.
사진 제공 정유승

켜져 있었다. 이후 학동의 성매매 집결지가 조금씩 비어
가면서 치킨집이 들어오고 국밥집이 들어서더니 이윽고
2021년 8월에는 완전히 사라졌다. 마치 학동 4구역이
다 개발되기 전에 꼭 사라져야 하는 것처럼. 6월에 학동
참사가 일어났을 때도 집결지는 현장 맞은편에 있었지만
이미 빈집이나 마찬가지였다. 도시 곳곳 재개발과 재생의
바람이 불고 철거지로 지정된 구역에 노란 출입 금지
통제선이 쳐질 때부터 집결지의 여성들은 곧 사라질 유령
같은 존재나 다름없었다. 이제 깨끗하게 청소되어 버린
장소에서 어떤 흔적도 발견할 수 없다. 집결지와 함께
여성들의 행방도 사라졌다.

집결지에 관심을 가지기 시작한 건 정유승 작가를
만나고 나서부터였다. 5·18 항쟁에 참여했던 동구
황금동의 성매매 여성들과 성매매 집결지를 주제로 전시를

하던 정유승 작가는 여성들의 행방을 찾고 있었다. 그가
2018년 광주비엔날레 '상상된 경계들'의 '집결지와 비장소'
전시에서 늘어놓은 성매매 여성들의 소지품을 기억한다.
화려한 색의 통굽, 두통약과 위장약, 피임약, 화장품과
향수들, 화려한 색의 홀복. 소지품에 남은 불쾌한 향. 그때
나는 그들을 마주칠 용기가 없었다. 그들을 가까이서 본 건
3년 이상이 흐른 후였다.

　　나는 2022년 '성매매 피해 상담소' 언니네
활동가들과 함께 성매매 집결지를 방문하여 여성들에게
필요한 약과 간식, 소식지를 전달하는 '아웃리치'에
참여하면서 집결지 안으로 처음 들어갔고, 스쳐 지나가던
성매매 여성들의 얼굴도 가까이서 처음 보게 되었다. 매월
정기적으로 광주의 도심과 신도심들의 성매매 집결지를
돌아다니는 아웃리치는 유일하게 그들이 아직 잘 있는지
안부를 확인할 수 있는 방식이다. 그들의 얼굴을 아는
활동가가 나서서 누구 언니, 하고 말을 건네며 요새
장사 잘돼요? 물으면 그들은 고개를 가로젓고 코로나로
하루 종일 손님이 한 명도 없을 때도 있다고 말했다.
손을 맞잡고서 물티슈, 소화제, 변비약, 질염 연고 등과
기관 소식지, 간식을 건네어 준다. 그리고 '언니 잘
있어', '안녕히 계세요', 잘 있으란 인사를 건네면 방문은
끝난다. 오랫동안 이야기를 나누면 장사에 방해가 되고
업소 안에서 쳐다보는 업주의 눈길도 날카로워진다.

아웃리치가 단지 봉사활동만은 아니라는 걸 업주들도
아는 모양새였다. 그 짧은 시간에도 안부만 묻는 게 아니라
업소의 현황, 근무 중인 여성들의 숫자를 파악하기 위해서
일행들은 머릿속이 바쁘다.

팬데믹은 그곳에서 일하는 이들에게 특히 생계를
빼앗는 재난이었을 터, 감염병이 유행하는 도중 잠시
아웃리치가 중단되었고 집결지의 몇몇 업소들이 문을
닫았다. 그 틈에 남아 있는 집결지도 거의 사라지다시피
했고, 이제는 신도심의 화려한 네온간판 달린 업소들이
성행할 뿐이다. 광주의 그 여성들이 어디로 갔는지는
모르고 그들이 여기 살아 있었노라 하는 증거와
흔적들만을 '언니네'의 활동가들과 정유승 작가가
수집하고 있다. 여성들이 생존해 온 집결지 공간의
흔적들은 수용소의 흔적처럼 아파도 외면할 수 없다.
활동가들과 정유승 작가는 그들이 감당하는 비극을 개인의
선택 탓으로만 돌릴 수 없고 우리 모두 언제든 '그들'이 될
수 있다는 공감의 정치를 수행한다. 다른 말로 하면 학동의
집결지는 순환도로로 둘러싸인 이 도시 전체로 확장될 수
있다는 것이다.

학동삼거리, 성매매 집결지가 남문로를 사이에
두고 마주 보고 있는 공사 현장을 2021년 겨울 다시
방문했을 때, 6월 붕괴 사고의 여파를 수습하느라 아직

소란스러웠다. 공사장 가림판에 유가족 협의회의 사건에
대한 철저한 수사와 처벌 요구, 그에 응답하는 동구청의
수습과 재발 방지 현수막이 붙어 있는 현장 너머에는
35층에 이르는 무등산 아이파크 아파트의 커다란
몸체가 서 있었다. 아이파크를 오른편에 두고 집결지
너머 남문로를 건너 들어가면 광주천에 닿는다. 학동과
방림동을 나누는 광주천, 지금은 천변 도로가 생긴 자리에
'없는' 사람들이 집을 짓고 살았다. 땅 없는 사람들과
전쟁에 끌려갔다가 몸뚱이 하나만 보전해서 온 외지인들이
모여 살던 곳. 그들 중에는 황해도에서 온 이들도
3000명가량 되었다니 학동은 하나로 통칭할 수 없는
몸들의 결집체나 마찬가지였다. 아무 데서나 모여 살았던
이들을 통제하기 위한 역사가 학동에 남겨져 있다.
　　　1920년대에도 광주천변에 몸들이 모여 있었다.
광주가 일제의 '대광주 건설계획'에 의해 근대화되기 직전,
직강화 공사가 시행되어 넓어진 천변 부지에 사람들이
모여 직접 땅을 다지고 판자를 끌고 와 토막집을 지었다.
어디서 어떻게 살지 아무 미래도 계획할 수 없었던 그들을
'궁민'이라 불렀다. 장마철이면 강물이 불어나서 몇 명이
물에 쓸려 가도 갈 곳 없어 광주천과 무른 땅을 뭉개며
살아가는 수밖에 없던 사람들이다. 범람마저 쫓아내지
못한 그들을 내보낸 건 학동의 첫 재개발 공사였다.
직강화 공사와 더불어 개발된 하천부지를 민간에

팔아 상업지와 주택지를 건설할 계획이었던 일제의
광주부(府)는 궁민들을 한겨울에 쫓아내고 토막집들을
부수어 버렸다. 1932년의 '궁민가옥 철훼 사건'[1] 이다.
도시를 건설한다는 계획 아래 계획되지 않은 몸들을
눈앞에서 치워 버린 폭력 사태가 도시화 과정에서 일어난
것이다. 한겨울에 거리에 나앉게 되어 꼼짝없이 얼어 죽을
상황이었지만 다행히 그들을 구제하기 위한 움직임들이
생겨 지역과 중앙 언론에 알려진다. 그 결과 일제는 다른
부지로 궁민들을 이주시켰지만, 그 숫자는 겨우 30호에
그친다. 이후 1936년 일제는 '학강정 갱생 지구'라는
이름의 구역을 만들고 궁민들을 계획적으로 이주시켰다.
　　　학동팔거리는 그런 갱생 지구들 중 하나였다.
집들은 틈을 모르고 벽을 맞대고 있었고, 옆집은 물론
앞집의 동태도 파악할 만큼 골목이 좁았다. 서로
통제하고 감시하도록 계획되어 흡사 판옵티콘 같은 수용
공간이었다. 그런 공간에서나마 사람들은 누가 굶지는
않는지 자연스레 서로 안부를 확인하며 살아갔다. 누구
하나 그 동네를 내려다볼 자리 없이 똑같이 낮은 집들에

[1] 이에 대한 연구로 정경운의 「일제강점기 광주읍
'궁민(窮民)' 연구 ─ 천정 궁민 가옥 철거 사건을 중심으로」,
《호남문화연구》(호남학연구원, 2013)가 있다. 이 연구가 다루는 사건은
1920년대 광주의 근대 도시화 과정을 잘 보여 준다. 869명의 궁민들을 아무
대책 없이 쫓아낸 일제의 폭력에 반발한 지역사회는 '궁민구제연구회'를
조직하고 투쟁하면서 저항하기도 했다.

살았기 때문인지 아니면 골목이 너무 좁아서였는지
모르지만, 대문을 넘어 흘러넘친 냄새와 소리들이 길을
따라 이웃집 담을 넘었을 때 길은 혈관처럼 밥과 국이
흐르는 경로가 된 셈이었다. 골목에다 평상 깔고 밥상을
놓아 이웃들이 다 같이 숟가락을 들고 왔다는 어느
할아버지의 회상은 서로 기대야 생존할 수 있었던 당시의
방식을 이야기해 준다.

> 팔거리 골목은 집과 집 사이가 좁잖아요. 어느 집에서
> 된장찌개라도 끓이면 구수한 냄새가 길 따라 퍼져요.
> 골목이 가정집 마당, 마루라고 보면 되는데, 골목에
> 평상 깔고 밥상 놓으면 누구라도 숟가락 들고 와서 같이
> 먹어요. 뒷산에서 캐 온 나물에 상추쌈에 한입 가득
> 넣고 맛있게 먹었지요. 그 모습이 생생합니다.[2]

언젠가부터 집결지가 모조리 사라지고 기껏해야
역사공원 혹은 기념공원의 안내판 문구로만 남는다.
새로 지어진 아파트의 경계를 넘어서는 말이 소음으로만
규정되고, 결집하는 방식으로 생존하던 삶들이 짧은
문구로 정리되어 버린다. 과거가 소거되는 시스템이

[2] 60대 임영기 씨의 회상. 「8거리도, 주민도, 당산나무도… 자료만 남은 학동8거리」, 《광주드림》, 2014년 4월 17일.

거침없이 돌아갈수록 지금의 삶들이 거쳐 갈 공간들도
비가시화된다. 사람들은 이주에 이주를 거듭하고, 도로
안팎, 다리 틈과 눅눅한 쪽방 어딘가 보이지 않는 곳으로
들어가고 있다. 언젠가는 우리가 살았던 공간들도 성매매
집결지와 학동팔거리처럼 철거되어 이내 기억에서마저
사라지고, 결국 도시는 무엇을 위한 공간인지 물을 수조차
없게 될지 모른다.

멀리 바깥으로 밀려난 그들에게 닿을 수 있는(out-
reach) 끈은 몇몇 사람들의 애씀으로 마련되고 있다.
지금도 여전히 정유승 작가와 활동가들은 1순환도로가
도는 구도심의 집결지를 찾아가 여성들에게 안부를
묻는다. 그곳에서 안부 묻는 일은 파손되고 해진 장소의
조각과 파편 들을 조심스레 찾아 맞대는 일이기도 하다.
조각들을 바라보는 일은 너무 아플지도 모르지만, 그
조각은 다른 조각들을 불러내고 이어 가는 시작점이기도
하기에 포기할 수 없다. 정유승 작가가 불러낸 까막벌레의
시처럼.

김이 꽉 새는 하루를 보낸 후에 항상 찾아오는 허무함이
비집고 나오는 목의 긴장감을 풀면
서론도 본론도 없는 욕이 튀어나온다.
가슴을 탕탕 치며
왜 내게 이런 시련을 주냐 악다구니도 써 보고……

그리움에 사무쳤던 그녀를 탓해 봐도
얼굴 한가득 눈물범벅인 채 ─
까만 내 앞날을 밝아지지 않는다.

─ 술 취한 밤엔
까막벌레[3]

---

[3] 위 시는 2018년 광주비엔날레 '상상된 경계들'의 '집결지와
비장소' 섹션(큐레이터 김만석)에 전시되었던 정유승 작가의 전시장 벽에
남겨져 있던 것이다. 성매매 집결지를 주제로 한 작가의 전시장 세 곳 중
성매매 여성 구호와 법률, 의료 지원 등을 하는 성매매 피해 상담소 '언니네'와
그 활동을 소개하는 전시장이었다.

2순환도로:
상무지구의 밀실들

광주광역시 서구 상무지구. 상무대로를 타면 빛고을대로,
호남고속도로, 2순환도로 등으로 나갈 수 있다. 그
교차점이 상무지구다. 다핵화 도시를 위해 계획된
신도심으로, 시청을 비롯한 관공서와 은행, 보험회사들이
몰려 있는 행정, 금융의 중심지이자 광주의 중심 상권이다.
광주의 중심지인 상무지구는 도로가 워낙 커서 걸어
다니기 벅찼다. 차를 몰고 다니려면 출퇴근 시간은 피해야
한다. 특히 구도심에서 광산구로 연결되는 무진대로와
첨단과 담양으로 가는 빛고을대로, 그리고 상무지구로
향하는 운천로가 만나는 계수교차로에는 하루 25만
5000대가량의 차들이 오간다. 광주 시내 교통량 중 최고
수준이다. 계수교차로가 이렇게 붐비는 이유는 원체
빛고을대로가 수완지구, 첨단 등 신도심을 지나는 교통량
많은 도로인 데다 그만큼 상무지구를 오가는 인구가 많기
때문이다. 상무지구는 지금도 부수고 다시 짓는 중이다.
재건축 소문이 돌고[1] 첨단으로 가는 새로운 도로도
2026년 개통될 예정이다.

옛 상무대(왼쪽)와
현재 상무지구
(오른쪽) 지도

　　상무지구는 계획도시다. 상무지구 한복판을
지나는 도로 중 상무중앙로를 두고 한쪽에는 주거
지역과 상무시민공원 그리고 5·18자유공원이 있다. 다른
한편에는 상업지역과 각종 사무소, 광주시청과 공공기관,
기념공원이 위치한다. 격자형으로 조성된 구역에 완전히
다른 기능을 하는 기념공원, 주거지, 상권, 유흥 밀집
구역이 병존한다. 장소가 자연스럽게 형성되는 오래된
도시와는 다르다. 맥락이 다른 구역이 서로 병존한다는
게 나는 처음에 어색하게 느껴졌다. 모든 계획도시가
그렇지만, 상무지구는 완전히 다른 성격의 공간이 아주
가까이에, 나란히 위치한다. 상무지구의 근대사를 보면
이곳은 오랫동안 각 구역이 용도에 따라 구분되어 있었다.

　　〔1〕 2023년, 정부는 20년 이상 된 노후 신도시 정비사업은 재건축을
시행할 시 특혜를 주는 특별법을 발표했다. 「상무지구 노후 신도시 정비사업
'기대반 우려반'」, 《광주일보》, 2023년 2월 9일.

상무지구에 있었던 군사교육 시설인 옛 상무대의 지도와
지금의 지도를 같이 놓고 보면 큰 차이 없이 비슷하게
느껴질 정도다. 상무대를 가로지르던 중앙의 도로와
상무중앙로가 겹쳐지고 기능별로 각 구역이 분할되어
있다. 더욱이 일제강점기에 이곳은 평평한 활주로와
비행장이었다.

　　상무지구가 일제강점기에 군사기지였다는 사실이
아주 낯선 이야기는 아니다. 화정동의 광주학생독립운동관
중앙공원과 사월산에는 일제가 썼다던 오래된 유류
저장소나 화약 저장고 동굴들이 남아 있다. 2022년 찾아간
중앙공원의 동굴 세 곳은 진입하기 쉬웠고 사월산 자락의
동굴은 토사가 쌓이고 잡초가 빼곡하게 자라 들어갈 수
없었다. 동굴에 저장한 유류나 화약들은 태평양전쟁 당시
비행기에 쓰거나 실었던 것들이다. 일제는 1929년에
지금의 상무지구, 그러니까 옛 지명인 치평리에
비행장을 지었고 1930년대 말에 아시아태평양전쟁을
일으키면서 비행장 확장공사가 이루어졌다.[2] 비행장은
일본 육군이 전격적인 총력전을 위해 인수한 이후
요카렌(豫科錬)이라는 해군비행예과연습생(일명 소년
항공병)을 양성했는데, 이들은 가미카제 특공대원으로도

　　[2] 정혜경 외,『우리 마을 속의
아시아태평양전쟁유적』(도서출판선인, 2014), 15쪽.

동원되었다.[3] 치평리의 도로는 1930년에 1만
5143간으로 큰 폭으로 늘어났고 이는 1912년과 비교하면
거의 다섯 배에 해당한다.[4] 일제가 지은 기지 인프라는
이후에도 유용하게 쓰였다. 6·25전쟁 당시 남쪽이
수복된 후 1951년 육군 교육총감부 자리로 이 치평리의
군사시설이 선택된 것이다.[5] 다시 말해, 상무대는 일제의
군사시설을 이어받았다. 또한 군사기지로서 평탄한 지형은
크고 평탄한 도로를 지을 수 있는 조건이기도 했다.

　　상무지구가 상무대였다는 사실은 익히 알려져
있다. 사람들은 상무대를 5·18민주화운동에 참여했던
시민들을 감금, 재판하고 시민들의 학살을 지휘하던
계엄 분소로 기억한다. 상무대의 흔적과 장소들은
5·18자유공원으로 옮겨지거나 공원으로 조성되고 있다.
서구 화정동, 상무대로 안쪽 골목에 있는 국군통합병원과
505보안부대는 또 다른 역사공원으로 만들어지는 중이다.
505보안부대 건물은 5·18민주화운동에 참여한 시민을

[3] 같은 책, 18~19쪽.
[4] 더불어 1937년에 광주시가지계획(안)에 가로에 대해서
"광주부 내의 가로는 종래 질서도 없고 계통도 없는 데다 노폭이 협소하여
심히 불편하므로 1918년 이후 지방비 보조 또는 면(읍)비로 시가도로 개수
공사를 시행하였다."라는 설명이 있다. 김기곤 외,『광주학의 기원과 역사
찾기』(심미안, 2018), 188~189쪽.
[5] 김정호,『요새의 땅, 광주 상무대』(심미안, 2024), 103쪽.

고문했던 공간이다. 현재 내부는 복원 사업 중이라 출입할
수 없는데, 복원 사업을 진행하기 전 505보안부대 내부를
살펴볼 기회가 있었다. 사람들을 고문했던 지하 공간에는
한 사람이 지나가기도 벅찬 복도에 좁은 방들이 양옆에
늘어서 있고 방에는 창문이 없어 어둡고 싸늘했다. 아직
복원이 덜 끝난 공원에 사람들도 뜸했다. 마치 고통과
트라우마 가득한 장소를 어떻게 해야 할지 모르는 것처럼
공원에는 휑한 기운이 돌았다. 도시는 보상은 다 끝났다며
저 앞으로 치닫고 있고, 남겨진 자들의 고통과 트라우마는
이 안에 감금된 듯했다.

　　5·18 이후 국가 폭력의 보상 차원에서 정부는
상무대의 부지를 1989년에 매각하고 일부는 1991년에
무상 양여했다. 국내 최대의 육군 교육기관인 상무대가
장성으로 이전한 1989년 이후, 이 부지를 광주시가
인수하고 1100억여 원을 들여 개발할 계획을 세웠다.[6]
황당하지만 상무지구의 개발은 광주 사람들에게 어떤
보상으로도 돌아가지 않았다. 광주의 '다핵화 도시개발',
'신도심'이라는 선전이 지역은 물론 전국 메이저 종합
건설사들의 욕망을 자극했고, 광주시는 이를 부추겼던
까닭이다. 결국 도시는 부동산투기꾼들의 먹잇감이 되도록

　　〔6〕 이 '신도심 계획'은 상무대 중심 1, 2, 3지구와 화정동, 금호동,
풍암동으로 범위를 확대하여 진행됐다. 같은 책, 103쪽.

내버려졌다. 간척사업 진행하듯 땅을 뒤엎고 지어지는
상무지구의 공공 기반 시설은 여느 도시가 그렇듯 자본을
경쟁적으로 불리고 순환시키기 위한 것이기도 했다.

　　이전되지 못하거나 보존 대상이 아닌 상무대의
흔적들은 도시에서 빠르게 침식될 수밖에 없었다. 이승만
대통령의 필체로 글자가 새겨진 상무대 표지석이 도로
한복판에 세워져 있었지만 2020년 11월, 갑자기 덮쳐든
SUV 차량에 무너졌다. 표지석은 한동안 누구에게도
발견되지 못하고 쓰러져 있다가 5·18자유공원을 보수
공사하면서 그리로 옮겨졌다. 광주는 기념 공간에 모든
잔해와 흔적을 모아 보존해 놓았지만, 아이러니하게도 그
바깥에는 어떤 표지도 남아 있을 수 없게 되었다. 기념하고
추모하는 일만이 의미 있다는 듯 기념과 역사라는 이름을
붙인 공원은 늘어 가지만, 고통을 감당하는 사람들의 몸과
기억은 그 바깥에 위태롭게 남겨져 있다.

　　망각될 수 없는 트라우마의 고통을 치유하기 위해
2012년 국내 최초로 국가 폭력 트라우마 치료 기관이
상무지구에 만들어졌다. 2024년 6월에 국립 기관으로
정식 개관될 예정이지만, 국가가 운영비를 다 지원해 주지
않아 난관을 겪고 있다.[7] 고통을 껴안고 사는 사람들을

〔7〕「광주시 "국립트라우마센터 운영비 올해만 지원"」,《KBS 뉴스》,
2024년 4월 12일.

제도마저 비껴가려고 하니, 여전히 국가 폭력이 지속되지
않는다고 말할 수 없다. 5월을 다 끝난 사건으로 기념하고
추모하는 분위기 속에서 1980년의 상황이 변주되고
있다는 사실을 의식하기는 쉽지 않다. 상무지구에서 낮의
일상은 그렇게 바쁘게 흘러가고, 밤이 오면 어느 곳보다
환하다. 도심의 커다란 빌딩 속 밀실들은 낮보다 더 환하게
불을 밝힌다.

　　　　1952년부터 1992년까지 있었던 상무대는 광주의
서비스 업계에도 큰 영향을 미쳤다. 1970년대에는
군인들이 광주 시내로 놀러 나오면 다방, 여인숙, 카바레
같은 유흥 시설들이 호황을 이뤘다고 한다. 그때 광주
사람들에게 상무대는 수익을 올려 주는 시설이었다. 특히
1970년대에 상무대 건너 운천저수지 주변 동네들은 모두
군인들의 소비와 유흥을 위한 시설이었다고 한다.[8] 지금
운천저수지 근방은 아파트 단지가 들어서서 주민들의
산책길로 이용되고 있다. 운천저수지 근처 외에도 송정동,
대인동, 황금동 같은 집결지는 상무대에서 교육받는
교육생들이 주 고객이었다. 지금 이 집결지는 거의
운영되지 않는다. 그중에서 송정동의 집결지가 사라지게
된 데에는 어떤 사건이 있었다. 당시 광주가 아니었던

[8] 김정호, 『요새의 땅, 광주 상무대』(심미안, 2024), 166쪽.

송정리의 성매매 집결지는 1003번지라고 불렸다. 한때
번성했던 1003번지는 상무지구에 유흥 밀집 지역이
만들어진 이후 쇠락하기 시작했다. 광주송정역이 생겨
달방을 내놓은 여관방들만이 조금 남았을 뿐이다.
1003번지가 점차 사라지던 2005년 11월, 화재 사건이
일어나 열 곳 가까이 되는 업소들이 불에 탔다. 노후되고
제대로 건축되지도 않은 집들이 다닥다닥 붙은 오래된
성매매 집결지에 화재가 일어나면서 여성 두 명이 질식해
사망했다. 그들이 있었던 업소의 유리창은 5중이었고 문이
잠겨 감금되어 있었다.[9]

지금은 송정동을 비롯해 많은 집결지의 업소들이
폐업하고 흔적만 남아 있다. 하지만 업소는 유흥주점이나
룸살롱의 형태로 중심가로 들어와 도시의 일부분이 됐다.
상무지구엔 관공서, 은행 등과 광주 최대의 기업형 성매매
집결지가 병존한다. '기업형'이라는 말에서 그 규모를
짐작할 수 있는데, 보통 룸살롱, 클럽, 바와 호텔이 한
빌딩에 있어 한 번에 여러 가지 형태의 유흥을 즐길 수
있고 성매매까지도 암암리에 가능하다.

2021년 여름, 팬데믹이 한창이었지만 밤의

[9] 「불은 났는데 비상구는 없고 5중 유리창만… 광주 유흥업소
화재… 여종업원 2명 출구 못 찾다 질식해 뇌사」, 《오마이뉴스》, 2005년 11월
4일.

상무지구는 성황이었다. 공항까지 쭉 뻗은 상무대로에
오토바이와 슈퍼카가 질주하고 선팅한 외제 차들이
빌딩 지하 주차장으로 향한다. 두 명의 여성 동료들과
함께 상무지구의 유흥가를 사진 찍으며 걸었는데, 사실
이런 일은 금기에 가깝다. 상무지구를 촬영하기 위해서
휴대폰을 들고 거리를 오가는 동안 모종의 시선이
느껴졌다. 그래도 건물 내부를 들어가지도 않았는데 누가
문제 삼을 거라 여기진 않았다. 그런데 불쑥 어떤 남성이
다가와 "왜 찍으시는 거죠?"라고 물었다. 순수한 질문으로
느껴지지 않았다. 호객 행위를 하느라 거리에 나와 있는
업소 관리자들이 행인의 휴대폰 카메라를 신경 쓰고
있을 줄은 몰랐다. 동료 중 한 사람이 촬영하는 이유를 왜
당신에게 대답해야 하느냐고 금방 따져 물었고 그는 "그냥
궁금해서요."라고 능글맞게 웃으며 자리를 떠났다.

　　　외부인의 카메라는 거리에서마저 허용되지 않지만,
건물 안에는 수십여 개의 카메라가 감시하고 있었다.
감옥도 아닌데 삼엄한 기운이 느껴졌다. 빌딩 내부에
업소들이 설치한 CCTV는 온갖 곳을 밀착 통제하고
있는데, 업소로 올라가는 엘리베이터 문 위에만 대여섯
개가 붙어 있어 손님이 그 앞에 서면 바로 엘리베이터를
내려 주곤 했다. 카운터에서 누군가 상시 지켜보고 있기
때문이다. 그날 이후 다시 상무지구를 찾았을 때는 성매매
피해 상담소 활동가들과 함께 업소 내부까지 들어가 볼

수 있었다. 룸살롱은 팬데믹 때문에 늦게까지 영업하지 못해도 이미 저녁 8시부터 만석이었다. 접객하는 여성들은 비좁은 방에 모여 있다가 호출이나 지시를 받고 룸으로 들어가곤 했다.

상무지구는 넓지만 그들에게는 밀실에 가깝다. 통제되지 않는 곳은 없다. 그곳에서 접객원으로 일하는 여성들은 보도방의 봉고로 배달되다시피 하고, 룸살롱에서는 비좁은 대기실에서 20명, 많게는 30명씩 모여 앉아 지명이 오는 대로 바로 나와 룸으로 들어가야 한다. 교통의 요충지, 상업과 금융의 중심지답게 사람들이 끊임없이 순환하고 이동하지만 여성들의 이동은 제한되고 통제된다. 성매매 집결지의 업소들은 여성들의 신체를 통제하여 돈이 오가는 경로로 삼음으로써 돈을 벌고 있다. 이들은 여성들의 신체를 순환의 경로로 삼고 이를 갈취한다. 밀실에서 밀실로 이끌려 가는 재난이 공공연하게 보이지만 아무도 굳이 말하려 하지 않는다. 일상처럼 반복된다. 말하지 않고 외면하면서 점점 보이지 않게 된다.

과거와 지금의 고통을 밀실 속에 가두면 도시는 안락한 나만의 방, 창문 밖으로 보이는 스펙터클이 된다. 지금도 상무지구 성매매 집결지는 화려한 불빛들을 발산하고 있다. 빛은 도로의 구획을 넘어 순식간에 도달한다. 상무지구의 라마다호텔 객실에서 보이는 멋진

야경은 어쩌면 저 아래에서 보내는 구조 요청일지도
모른다. 내려와 걸어서 도심의 구획들을 넘나드는 일이
필요하다. 결국 도시를 실천하는 건 이곳을 살아가는
우리다. 계획도시의 밀실 너머, 정해진 구역을 가로지르고
거리를 걸으면 보안부대 옛터가 있는 5·18 역사공원, 옛
상무대 건물들이 자리한 자유공원의 오래된 밀실들과
새로운 성매매 집결지의 밀실에 갇힌 말을 조금이나마
들을 수 있다. 보안부대의 오래된 밀실들과 상무지구
집결지의 새로운 밀실들, 우리의 밀실들이 겹쳐진다.

2순환도로 바깥의 사람들

2019년 9월 16일 광주 광산구의 세차장과 비닐하우스를 털던 마흔 살의 도둑이 검거되었다. 경찰들은 도둑의 거주지를 파악하는 데 애를 먹었다. 그가 광산구 어느 고가도로의 내부에 살고 있었던 탓이다. 그의 거처는 검거하기 위해 고가도로의 구조물 내부를 들여다보지 않았으면 절대 알 수 없었을 것이다. 쌓인 쓰레기와 물건들로 범행 이전부터 그가 그곳에 살고 있었음을 알 수 있었다.

　　고가도로 내부에 살던 도둑의 공간은 전세, 월세, 심지어 일세로 분절에 분절이 거듭되다 끝내 훼손되어 버린 거주의 모양을 극단적으로 보여 준다. 후기자본주의 사회는 인간 삶의 근본적인 조건인 거주까지 사유화하고 지대화하면서 그 조건을 거부하는 순간 '불법'으로 규정하곤 한다. 사유화된 공간을 임대하여 거주하거나 생존을 도모하는 이들은 2년이나 4년 단위로 계약하고 이후 전세가 오르는지 월세를 더 내야 하는지 불안해하면서 이주를 염두에 두고 있어야 한다. 도시가

절도범이 살았던
고가도로(광주광역시
광산구 우산동)

확장하는 방식이 외부를 추방하고 배제하는 것과 다르지
않으니 바깥에서 생존하는 일은 상상하기도 어렵다.
중앙이든 지역이든 철거와 이주, 퇴거는 어느 도시에서나
이루어져 왔던 일이지만, 일방적 도시화에 희생당한
지역의 사례들은 잘 알려지지 않는다. 순환도로를 타고
빠져나간 것은 사람뿐 아니라 지역의 담론이기도 하다.

　　다리 밑은 도시빈민들이 생존을 영위하는 고유한
장소다. 서울역 근처 고가도로 아래에 노숙인들이 살듯이
광주에서는 파지와 고물을 주워 팔던 넝마주이들이
다리 밑에 살았다. 이들을 볼 수 없게 된 것은 1980년
5월 이후라고 사람들은 입을 모아 말한다.[1] 그러나 그
이전부터 넝마주이들을 청소하려는 계획들이 이루어지고
있었다. 1979년 10월 부마항쟁이 일어난 직후, 박정희

〔1〕 강상우, 『김군을 찾아서』(후마니타스, 2020), 141쪽.

대통령은 부랑인과 넝마주이 등 소위 불온한 '사회 전복
세력'들을 집단 수용해 부마항쟁과 같은 상황을 미연에
방지할 것을 시도 각지에 지시한다.[2] 도시빈민에 대한
낙인과 차별에 기반한 정책으로 갱생원과 자활근로대라는
시설에 수용된 이후, 그리고 1980년 5월 도시 하나를
통째로 청소하려는 계엄군의 작전과 함께, 넝마주이들은
모조리 사라져 행방불명되었다.[3] 1988~1989년
광주청문회에서의 증인들은 갱생원과 자활근로대에
수용되어 있던 사람들, 넝마주이, 세차장에서 일하던
사람들, 구두닦이들, 행상, 황금동의 접대부들 같은
도시빈민들이 항쟁에 참여했다고 말했고,[4] 한편으로는
자활근로대에 생활하던 원생들이 복면을 쓰고 시위에
투입되어 군경에 이용된 뒤 집단으로 살해되었다는 소문도
돌았다.[5] 어떤 방식으로든, 도시에 거주할 곳 없어 떠돌며
살던 빈민들은 마땅히 없어져야 할 존재로서 일방적인
폭력의 희생자가 되었다. 그와 동시에 이들이 살았던 공간
또한 항쟁 이후의 방역과 함께 말끔히 청소됐다. 이제

[2] 같은 책, 150쪽.
[3] 2019년 개봉한 다큐멘터리 영화 「김군」에서 5·18 왜곡 세력에
의해 남파 간첩으로 지목된 '광수'를 찾아 나선 제작진은 그의 정체가
넝마주이 김군이라는 시민들의 진술을 듣게 된다.
[4] 이정선, 「1980년 광주항쟁과 도시빈민 어디서 와서 어디로
사라졌는가」,《역사문제연구》54호(2014), 52쪽.
[5] 강상우, 위의 책, 159쪽.

광주의 어떤 다리 밑에서도 넝마주이는 물론 노숙인조차
찾아볼 수 없다. 영화 「김군」이 캐낸 '김군'의 이미지는
그곳에서 간신히 길어 올린 역사의 파편 한 장이다.

　　폭력이 도시를 휩쓴 후에 행방불명된 사람들과
시신들은 도시를 아무리 뒤져도 찾을 수 없었는데, 2022년
그들의 것일지 모르는 유골이 발견되었다는 소식이
들렸다.[6] 옛 광주교도소 자리에서 발견된 신원 미상의
시신 40여 구는 교도소에 수감되었던 시위대의 것으로
추정되고 있다. 유골이 있으리라는 것을 알고서 이 부지를
파낸 건 아니었다. 광주교도소 자리를 파헤치게 된 건 법
관련 교육, 체험 시설인 '솔로몬로파크' 건립 때문이었다.
그리고 부지 주변에는 포스코 건설의 '서희스타힐스'와
주상복합단지 등 아파트 단지와 상업시설이 들어설
준비를 하는 중이다. 백골이 된 사람들은 그 스스로
폭력의 증거물이 되었지만, 그들이 묻혔던 땅에 아파트와
편의시설들이 들어서기로 계획된 데에는 변함이 없다.
도시는 여전히 그들을 허락하지 않기에 백골들은 또다시
시설에 옮겨져 '보관'이라는 이름으로 은폐되고 있다.

　　순환도로 바깥의 사람들은 다리 밑뿐 아니라

[6] 「광주교도소 5·18 암매장 유골, 전남대 시위대 가능성 커」,
《한겨레》, 2022년 9월 26일.

산기슭에서도 살았다. 무등산은 도시에 몸 뉘일 데 없는
사람들을 품어 살린 땅이고 거주지였다. 하지만 무등산이
도시를 대표하는 상징이자 랜드마크로 '조성'되면서
더는 빈민들의 거주지가 될 수 없었다. 무등산은 광주로
들어오는 방향 장성군 남면의 광주 톨게이트에서 그
위상을 확인할 수 있다. 2020년 5월 톨게이트에 세워진
폴리[7], '무등의 빛' 비정형 LED 파사드 조형물의 크기는
가로 74미터, 높이 8미터다. 이 현란한 '무등의 빛'이
서울에서 광주로 오는 방향에서 보일 수 있도록 배치된
것은 엄연히 중앙의 방향을 향해서 자연 친화적인
문화예술의 도시로서 광주의 이미지, 또는 무등산을
전시하기 위함이다. 무등산의 고상한 이미지의 배경에는
의재 허백련을 비롯한 예인들의 계보와 그들이 사랑하여
그렸던 회화나 문학작품들이 있으며, 광주를 문화예술의
도시, 자연 친화적인 도시로 이미지메이킹하려는 정책들이
이 조형물에 개입되어 있다. 선전과 홍보가 잘못되었다는
게 아니다. 이 미디어아트 조형물은 자연을 적극적으로

---

〔7〕 '폴리(Folly)'는 건축학적으로 본래의 기능을 잃고 장식 역할을
하는 건축물을 뜻한다. 하지만 광주 폴리는 공공 공간에서 장식 역할뿐
아니라 기능적인 역할까지 아우르며 도시재생에 기여하는 건축물이다.
광주비엔날레와 더불어 2011년 광주디자인비엔날레(총감독 승효상,
아이 웨이웨이)의 일환으로 시작된 '광주 폴리 프로젝트'는 2013년 독립
프로젝트로 추진되어 현재에 이르기까지, 광주라는 도시공간 속에서 새로운
일련의 폴리들을 선보이고 있다. 광주 폴리 홈페이지 참조.

'경관' 또는 '미관'의 일종으로 만드는 도시화 방식을
노골적으로 보여 주고 있다. 도시화의 이면을 외면한 채
자연 속으로 도피하는 길은 자연을 자본화해 관광화시키는
길과 통한다는 것, 양 갈래로 나뉜 것처럼 보이는 길은 이
톨게이트에서 만나게 되어 있다는 사실을 보여 주는 한
단면이다.

2013년, 국립공원으로 승격되고 나서부터
무등산에는 형형색색의 등산복을 입은 사람들이 탄
관광버스들이 줄지어 도착하고, 산기슭엔 커피숍과
등산용품 판매장이 들어섰다. 1972년 도립공원으로
지정되면서 무등산은 적극적으로 광주 내부에 기입되었고,
관광도로와 원효사 지구, 증심사 지구, 전망대, 대피소 등의
건설을 비롯해 도립공원 전 지역을 대상으로 철거 대상물,
철거 이주민 집단 이주지 선정, 철거 집행 등의 계획이
세워졌다.[8] 당시 박정희 정부가 1970년대 도시개발
정책을 펼치면서 전국적인 정비사업으로 판자촌과
빈민촌의 '불량주택'들이 철거되었고 무등산의 정비 또한
대대적으로 이루어졌다. 이때 무등산 일대에서 무당골,
무당촌이라 불리던 덕산골은 '미신의 온상지', 그들이
살던 움막은 '무허가 사이비종교 시설물'로 낙인찍혀

─────────────────

[8] 광주광역시청, 「광주도시계획사」, 618쪽.

118

철거당해 마땅한 곳으로 보도되었다.[9] 이러한 보도는
신흥 사이비종교와 이에 몰입하는 도시빈민의 비정상성을
사실과 다르게 왜곡했다.[10] 도시미관 정비사업은
이처럼 도시 하층민들에 대한 낙인과 배제를 바탕에 두고
이루어졌다. 더구나 당시는 1977년 전국체전과 박정희의
방문을 앞두고 있던 때라 광주시는 주택 정비에 박차를
가했다.[11]

결국 1977년 4월 20일 덕산골에서 철거가
진행됐고, 20대 청년 박흥숙의 움막도 부서지고 불이
붙었다. 도시에서 집을 얻을 수 없는 형편에라도 가족들과
함께 모여 살고 싶다는 소망으로 움막을 손수 지었던 그는
분노를 주체하지 못하고 철거 작업을 한 공무원 네 명을
쇠망치로 때려 살인하고 말았다. 수감번호 885번으로 2년
동안 복역한 그는 결국 1980년 12월 24일 사형당했다.
도시의 일방적 근대화의 희생양으로 언급되곤 하는 '무등산
타잔' 박흥숙의 사건은 박정희 정부의 도시 근대화 과정을
단면적으로 보여 주는 사례다. 이 사건이 재조명되어야
하는 까닭은 도시가 또 다른 방식으로 재개발되고 있기
때문이다. 근대화가 천변과 산기슭의 움막, 판잣집들을

[9] 「無許可似而非宗教 시설물 철거 光州市 無等山일대 무당촌 등」,
《전남일보》, 1976년 11월 16일.
[10] 김원, 『박정희 시대의 유령들』(현실문화, 2011년), 369쪽.
[11] 같은 책, 360쪽.

철거하는 방식으로 진행되었다면 지금에 와서는 '자연',
'생태', '환경'이라는 용어로 훼손된 자연을 복원해 가는
'재생사업'이 도시계획사업의 중요한 골자다. 한편에서는
개발이라는 이름으로 도로를 비롯한 도시 인프라의 확충,
주거지역 건물 건설이 이루어지지만, 또 다른 한편에서
이루어지는 개발은 아이러니하게도 보존과 복원이다.

　　　관광지로서 개간되어야 하는 산에서 철거와 이주는
반복된다. 지난 2010년 3월 6일에는 무등산 자연환경복원
사업이 완료됐다. 이 사업은 동구 운림동 일대의 노후 불법
건축물 91동을 철거하고 상가 단지와 주차장을 구축하는
것이 목표였다. 도시민과 관광객들에게 '녹지 서비스'를
제공한다는 차원에서 복원되는 자연은 함부로 훼손하고
건드릴 수 없는 전시장을 조성하는 것과 크게 다르지 않다.
광주천변과 무등산을 비롯한 야산들, 복개 하천의 복원 등
여러 사업은 마치 주택들을 철거한 뒤 아파트 단지와 단지
내 공원을 조성하는 일과 비슷하게, 도시빈민의 주거지를
없애 가며 진행된다.

　　　가면 갈수록 인구와 인프라가 중앙으로 밀집되고
지역은 관광도시가 되어 간다. 지역의 도시들은 너도나도
관광객들을 끌어모으기 위해 '유잼도시'[12] 이미지를

〔12〕 언제부턴가 광주를 비롯한 몇몇 지역 도시에 '노잼도시'라는
딱지가 붙었다. 인터넷 공간을 중심으로 유행하던 '노잼도시'라는 말은 대전과
광주에 주로 붙는 수식어다. 광주가 '노잼도시'인 이유로는 랜드마크, 관광지,

얻기 위해 노력이다. 광주는 무등산과 5·18의 역사 등을 홍보하고 있지만, 광주에 사는 나에게는 잠시 방문하러 오는 사람들의 시선을 의식하며 도시 경관을 만드는 것처럼 보인다. 도시를 관광하기 좋게 홍보하고 경관을 만드는 일은 지역 사람들의 생계와도 맞닿아 있지만, 문제는 이를 위해 도시의 가장 어두운 구석 혹은 도시의 경계에서 영위되는 삶을 숨기거나 무관심 속에 내버려 두고 있다는 것이다.

2021년 3월 19일 광주 북구에서 이주노동자 숙소로 쓰이던 비닐하우스에 불이 난 일이 있다.[13] 이 비닐하우스에는 캄보디아와 네팔 등 외국인 노동자 18명이 거주하고 있었다. 인명 피해는 없었지만 여전히 이곳에는 집 아닌 곳에 거주하거나 치솟는 집값에 거주의 시공간을 잘게 나누어 쓰는 사람들이 있다. 주거 공간이 아무리 많이 지어진다 해도 여전히 다리 밑과 산기슭은 존재한다. 도로가 잘 닿지 않는 곳. 사람들의 비닐하우스와 쪽방과 고시원들이 있는 곳이다.

대형복합쇼핑시설이 부족하다는 것이 주로 언급됐다. 삭막하게 꾸려지는 도시공간에서 재미를 느낄 것이 소비뿐이라는 안타까운 진단도 가능하겠지만 이는 도시를 소비도시로 만들어 가고 관광지화하는 도시계획이 오랫동안 지속된 결과이기도 할 것이다. 광주드림, 「'노잼'돼 버린 광주… '딱지' 누가 붙였나?」,《광주드림》, 2022년 2월 15일.

[13] 「"비닐하우스는 집 아니다"… 광주 지역 '이주노동자 숙소 개선' 목소리」,《한겨레》, 2021년 3월 19일.

도시의 생존 호흡법

얼마 전 무기력한 몸을 겨우 싣고 택시를 타고 가는
길이었다. 택시 기사가 무얼 발견했는지 창문을 내리는
동안 매너 없는 운전자에게 험한 말을 하려는 걸까, 하는
생각에 괜히 긴장하고 있었다. 알고 보니 옆 차선으로
포터 트럭을 모는 아저씨가 뭐라 소리치고 있었다. 포터
운전사가 말했다. "브레이크 등 하나 나갔어. 왼쪽." 택시
기사는 "감사!"라고 짤막하게 답하고 다시 창을 올린다.
어디서 얼굴 본 일도 없을 두 사람의 대화는 도로 소음을
뚫을 정도로 적당히 컸고 서둘러 전진해야 하는 도로
위에서인 만큼 간단했다. 그런 간단한 용건을 반말로
친근하게 전하는 두 사람의 대화가 오래 알고 지낸
동지의 대화 같다고 생각했다. 도로 위를 오래 달려야
하는 택시와 트럭 운전자인 만큼 자신들이 어디에 있는지
장소에 대한 감각과 생존을 위한 조건을 다 이해하고
있으며 상대도 이해하고 있다는 사실을 알기 때문이다.
도시에서는 언제든 사람들을 마주칠 수 있지만 내가 만난
운전자들처럼 마주치는 순간 이미 동지가 되는 경우는

흔치 않다.

평소 우리는 서로 얼굴을 보아도 마주치지
못한다고 여기곤 한다. 그저 인사하고 지나치는 수많은
사람 중 하나로 서로를 스쳐 지나가기 일쑤다. 도시의
조건이 그러하므로 수많은 사람을 만나도 채워지지 않는
결핍을 단지 나의 문제로 환원해 스스로 탓할 일은 아니다.
결핍과 외로움이 나의 문제, 나의 죽음으로 직결되는
사회에서 살아 있는 것이야말로 항의다. 더 정확히 말해,
죽도록 내버려 두는 도시에서 살기로 결심하는 일이
항의가 시작되는 최초의 힘이라 할 수 있다. 숨만 쉬는
일과 살아 있는 일은 조금 다르다. 너를 보는 일과 너와
마주 보는 일이 서로 다른 것처럼.

살아 있지 못하고 숨만 쉬는 인간형이 수용소에서
발견된 적이 있다. 이들은 '이슬람교도'라 불렸다.
영양실조로 몸을 가누지 못해 비틀대는 모습이
이슬람교도가 기도하는 모습과 같다고 해서 그런
이름이 붙었다. 그들은 가스실에 들어가기 직전의
수용자들이었으므로, 생존한 이슬람교도들은 없다.
운 좋게 살아남은 프리모 레비와 같은 증언자들에
의해 알려졌을 뿐이다. 수용소에 있었던 그 어떤
유대인들보다도 더욱 죽음과 가까이 있었던 이들은 고작
숨쉬기밖에 할 수 없었다. 관계가 망실된 채 죽기 전까지

숨 쉬는 일만 허용됐던 이슬람교도들에겐 삶의 의미도
죽음의 의미도 없었다. 나치 친위대는 목사를 수용소에
들여보내 존엄과 자존을 지킬 필요성을 이슬람교도들에게
설득하려고 했고 아감벤은 그 목사의 제스처가 가증스럽고
"잔인하기 짝이 없는 농담"일 뿐이라고 말했다.[1] 모든
인간주의적 가치가 소각된 수용소에서 목사가 설득하려는
가치는 헛소리일 뿐이었다. 아감벤의 말을 적용해 보면,
시장 근처 구석에 노숙하는 할머니, 대학교 주변을 똑같은
동선으로 이유 없이 수십 번 돌아다니는 아저씨, 터미널
지하에 엎드린 남자, 자살 시도를 했다던 어떤 친구의 눈을
마주 보고 감히 사랑과 민주주의의 숭고함을 말하는 일이
얼마나 비인간적인지 알게 된다.

　　도시는 광인과 범죄자를 추방하거나 가두기
시작한 근대적 산물이다. 광주는 피난민과 이주민들이
모여들어 만들어진 곳이라 수많은 갱생시설, 포로수용소가
지어졌다. 피난민들은 천변에 토막집을 짓고 살았고 그
자리는 끊임없이 개발의 자리가 되어 왔으니 이곳의
역사는 한편으로는 근대화, 한편으로는 근대화하는 도시와
충돌하는 몸들의 역사라 할 수 있다. 근대화의 역사는
조명되고 '발전'과 '미래'로 통하는 고속도로처럼 여겨지는

　　〔1〕 조르조 아감벤, 정문영 옮김, 『아우슈비츠에 남은 자들』(새물결,
2012), 95쪽.

반면, 도시에 충돌하는 몸들의 역사는 교통사고나 화재,
수몰 사건처럼 흩어져 있어 제대로 발견하기 어렵다.
깨질세라 소중하게 다뤄야 비로소 보이는 것들인데 산산이
흩어지고 부서진 역사는 아무도 들여다보지 않는다.
어쩌면 도시가 그런 역사를 하나하나 꿰맞출 수 없도록,
잊히도록 내버려 두는 건 아닌지 물을 수밖에.

　　도시화는 한 편의 연극처럼 진행됐다. 기공식이나
완공식은 성대한 축제처럼 열려 미래의 밝은 서사를
기대케 한다. 광주 도시화의 시작이자 지역개발의 축포가
된 것은 1965년 광주에서 열린 전국체전이었다. 지역
최초의 전국체전은 1951년에 이미 광주에서 열렸으나
막 전쟁이 끝난 시점이라 서중학교 운동장에서 치를
수밖에 없었다. 그 이후에 광주시는 난민촌이었던 광주천
주변의 시유지와 전남방직 부지 일부에 무등경기장을
짓고 도로를 비롯한 기반 시설을 지었다. 전국체전과
함께 산업박람회가 개최되었다. 축제와 박람회가 동시에
열리면서 도시의 근대화가 부푼 기대감과 함께 시작된다.
전국체전을 보기 위해 새벽부터 2만여 명의 관중이
무등경기장으로 몰려들었던 탓에 끝내 관중이 넘어지면서
압사 사고가 발생해 열네 명의 사망자가 나오기까지
했다.[2] 전국체전은 근대화, 지역의 발전된 미래에 대한
열망으로 가득 찬 몸들이 부딪힌 장이었다.

1965년으로부터 60년 가까이 지난 지금의
광주에서 근대화의 열망과 몸들이 부딪쳤던 자리는
땅과 집을 사 모으는 투기의 장으로 변모했다. 독재
정권하에서 도시화는 '잘살아 보자'라는 열광에 부푼
집단적 몸들을 생산했지만, 지금의 도시는 '부자 되자'라는
욕망을 생산하고 있다. 환상이 도시를 덮어 갈수록 저
아파트 단지의 공사장이 전에는 어떤 동네였고 누가 살고
있었는지도 알 수 없게 되었다. 그러는 동안 도시는 격차를
만들고 사람들 사이의 거리도 점점 멀어지고 있다.

〔2〕 근대화와 더불어 시민들의 몸에 질서를 기입하려는 요구들도
등장한다. 그해 10월 11일 전국체전에 대한 결산 차원에서 이루어진
인터뷰에서는 시민들의 질서 의식이 부족했다는 이야기가 나온다. 인터뷰에서
H 기자는 압사 사고의 원인에 대해 "질서를 아는 사람이 없었다."라며 질서
의식을 지적하고 시설 부족을 대회 운영의 결점으로 꼽는다. 이는 앞으로 이
도시에 질서를 위한 통제선이 그어지고 '손님'들, 특히 서울에서 온 손님들에게
편의를 제공하기 위한 시설들이 지어질 것이라는 예고를 전하는 듯하다.
「46회 전국체육대회 총결산: 참사… 질 저하… 양 풍성…」,《중앙일보》,
1965년 10월 11일.
　　"H 기자: 대회 전 기간을 통해서 느낀 것입니다만 질서를 지킬
줄 아는 사람이 너무나 없어요. 질서를 지킬 줄 알았으면 참변도 피했겠고
경기장마다의 번잡도 피할 수 있었을 거예요.
　　Y 기자: 경기장 안에 사람들이 밀려들어 경기 진행을
가로막는다든지 하는 일이 비일비재였었죠.
　　J 기자: 대회에 대비한 도 체육대회 준비위원회 측의 계획은 상당히
훌륭했습니다만 막상 대회가 열리자 이 계획이 탁상 계획에 불과하다는
것이 드러났습니다.
　　H 기자: 예를 들자면 광주에 도착하는 각 두 선수단의 편의를 위해
광주역에 차편을 제공한다든지 경기장으로 가는 선수에게 차편을 이용하게
한다든지 하는 계획이 완전히 공전되고 만 것은 그 한 예지요."

도시가 이 땅에서 일어난 갈등들을 해결할 수는
없다. 하지만 이념 갈등이든 가난의 문제든 식민의 상처든
그 아픔과 상실들이 설사 메워지지 않는다고 할지라도
없는 듯 가려 버려서는 안 됐다. 가려져 보이지 않는
사람들이 그 갈등들 주위를 아직도 맴돌고 있어서다.
나는 이 도시에서 삶을 지속하기 위한 마주침의 역량들을
찾고자 한다. 도로에서 운전사들의 짤막한 대화처럼, 가끔
일어나는 마주침은 여전히 우리가 여기에서 함께 살고
있다는 것을 알게 해 준다. 서로 만나기를 얼마나 원하는지
우리 스스로가 더 잘 알고 있다.

우리는 광장에서 만난 적이 있다. 서로의 생존이
가장 중요했고 같은 도시 사람들 모두가 동지가 되었던
사건인 만큼, 1980년의 광주는 끊임없이 이야기가
샘솟는 주제일 만하다. 5월만 되면 5·18을 피해 갈 수
없는 광주에서는 5월 초부터 구도심을 중심으로 축제가
한창이다. 팬데믹 때문에 2년 만에 열린 2022년 5·18

(…)
J 기자: 시설 면은 굉장히 애쓴 흔적이 보이지 않았어요?
L 기자: 그렇지요. 지금까지 경기장 시설은 거의 황무지나
다름없던 광주였는데 이번 대회를 계기로 '메인스타디움'과 야구장을 갖춘
종합경기장을 마련했고, 서울 장충체육관의 축소형인 실내 체육관을 새로
지었으나 광주로서는 훌륭한 체육시설을 갖추게 되었어요.
H 기자: 특히 실내 체육관의 건축은 큰 수확입니다. 앞으로 각종
국내 경기는 물론 국제 경기도 초치, 충분히 개최할 수 있다고 봅니다."

전야제는 오랜만에 광장의 분위기를 느끼러 온 사람들로
북적였다. 앞사람 머리 너머로 지켜본 전야제의 무대는
여느 때처럼 1980년 5월 도청을 지키는 시민군들에 대한
연극과 그들을 애도하는 행사로 이루어졌다. 그리고
언제나처럼 선거에 관한 멘트가 오갔다. 그날은 선거에
패배한 한 정치인이 방문했고 선거에 이긴 한 정치인은
그다음 날 광주 망월동에 온다고 했다. 기념이 정치로
작동하는 경로를 타고, 서울에서 기차 타고 온 사람들은
광주를 마주치는 대신 말 없는 무덤이 있는 곳으로 갔다.
정치인들은 너나 할 것 없이 5월 정신을 이어받겠다며
마치 그들 스스로가 5·18의 대리자인 듯 말한다. 전야제를
보다가 금남로 포차에 모인 사람들도 다들 지난 대선이나
여의도 정치판에 대해 이야기들을 했다. 광주의 5월이
금남로와 망월동을 번갈아 오가는 동안 지금이 2022년의
광주라는 사실은 다소 흐릿해졌다.

　　　축제가 한창인 금남로에서는 깃발들이 나부꼈지만
본가가 있는 광산구 우산동에서는 오래된 동작마을과
서작마을이 재개발된다는 축하 플래카드가 대여섯
장씩 걸려 나부꼈다. 마을은 그동안 조용하기만 했는데,
어쩐지 요즘 주민 회의가 한 달 간격으로 열리며 바빴다.
일제강점기에 주민 모두가 동양척식회사 소유 농지의
소작인이라는 이유로 '회사촌'이라 불려 왔다던 마을의
600년 된 당산나무만이 그곳에서 어떤 일이 있었는지

기억할 것이다. 1980년에는 광주가 아니었던 광산구에는 2순환도로가 건설되면서 새로운 주거지구들이 개발되고 있는데, 젊은 사람들은 별로 살지 않는 조그만 마을들이 아직 남아 있다. 우산동이 그중 하나다. 이곳의 열감은 5월 구도심의 열광과는 다른 결로 피어오르지만, 열감이든 열광이든 전혀 상관없는 사람들은 평소와 다를 바 없이 숨 쉬고 있다.

　　5월의 어느 한낮, 홀로 된 어머니를 모시며 나이 들었다던 아저씨가 파지 수레를 당기며 오후를 끌어가고 있었다. 집 앞을 지나가는 그를 엄마가 갑자기 불렀다. "아저씨, 잠깐 기다려!" 엄마가 집에 미리 모아 둔 박스들과 철물을 내어 준다. 우산동에서 근 20년을 살고 있는 심글라라 씨는 종종 이렇게 동네 사람들을 불러서 뭘 주기도 하고 받아 오기도 한다. 엄마는 '이 동네 사람들을 다 안다'고 했다. 그게 진짜인지 증명해 보라 할 수도 없는 노릇이니, 엄마는 자신만만했다. 다 안다기보다 '얼마든지 다 알 수 있다' 같았다. 정말로 엄마는 길 가는 사람이 누구든 아무한테나 말을 잘 걸었다. 언제는 초등학교 1학년 정도나 되어 보이는 어린이에게 "어딜 가니?" 하고 갑작스레 묻는 바람에 당황한 어린이가 아무 답 없이 지나가 버렸다. 엄마는 산에서 뜯은 고사리나 머윗대 같은 나물들을 종종 동네 아주머니들에게 받아 오기도 한다. 엄마는 그냥, 같은 동네 사람들이라는 게 쉽게 말 걸 수 있는 이유의 전부라 했다.

　　우리가 같은 도시에서 살고 있다는 단순한
사실에서 다시 출발하자. 지금의 마주침을 1980년
5월처럼 만들고자 애써 조직할 필요는 없다. 도로 위에서
서로의 생존을 챙겼던 두 운전자처럼 서로가 어떤 생존의
조건에 있는지 알면 그리고 같은 동네에서 살고 있다는
그 조건을 감각하면, 이 바닥에서 살아가는 사람들이
자연스레 눈에 띈다는 엄마의 희망이 존재한다. 그게 함께
호흡하는 숨이 된다. 생존이 전부가 아닌 삶은 서로의
숨으로부터 비롯한다. 도시의 커다란 도로와 빌딩들,
아파트 단지, 구도심을 걷는 중 서로 보이지 않게 될지라도
언제나 함께 숨 쉬고 있다는 사실을 기억하자. 가쁘게
생존하는 사람들을 바깥이 아닌 곁으로 데려와 마주
볼 때 우리가 쉬는 숨은 갑절이 된다. 그렇게 마주침의
역능은 아주 가깝고 사소한 것들에 있다. 우리 사이에
놓인 콘크리트 벽을 넘어설 가능성은 이미 갖추어져
있다. 우리는 이미 가상 플랫폼에서 만나고 있으며,
온라인에서부터 광장을 조직해 본 경험이 있다. 우리는
서로가 이미 마주침 속에 있다는 사실을 발견하기만 하면
된다. 2순환도로를 돌아서 여전히, 다시 광주다.

3장

방직공장의

가장자리

광주광역시
북구 임동 100-3

광주종합버스터미널에 도착하면 16차선 도로와 광주에서
가장 고층인 호반써밋 아파트를 마주하게 된다. 거기에서
광주천 쪽으로 방향을 잡아 버스나 택시를 타고 광천
1교 육거리를 거쳐 광주천을 건넌다. 그럼 면적이 29만
6000제곱미터에 달하는 부지가 있다. 전방(구 전남방직),
일신방직 공장 부지다. 나는 그 공장에 다니지 않았고
임동에 살았던 적도 없지만, 전방은 광주의 가장 오래된
장소 중 하나라 그곳에 대한 기억은 있다. 둘레를 에워싼
긴 담벼락이 공장의 첫인상이다. 그 담벼락은 마치 도시의
경계 같았다. 낡고 긴 담이 둘러싼 그곳은 궁금하긴 해도
그리 평화로워 보이지 않는 장소였다. 환한 조명을 밝힌
카페도 커다란 아파트도 아니었고 누군가가 들여다볼 수
있는 곳도 아니었다. 공장이 가동을 멈춘 2017년 11월
이전까지 전방 직원 버스가 종종 지나던 것을 기억한다.
버스 안에는 다양한 연령대의 여성 노동자들이 무심한
얼굴로 창밖을 내다보고 있었다. 광주천 너머 지대가 높은
발산마을의 언덕에 올라가면 방직공장을 한눈에 볼 수

울타리 너머의
전방 공장 건물들

있었다. 멀리서도 눈에 띄는 진회색 콘크리트 건물들과
높은 굴뚝으로 오래된 공장이라는 것을 짐작할 수 있었다.

이곳을 자세히 들여다보기 시작한 건 몇 년
전부터다. 사라질 전남방직 공장 여성 노동자들이
궁금하다는, 이들의 이야기를 담은 공공 예술 프로젝트를
함께하자는 한 젊은 기획자의 제안에 덜컥 참여하게 된
것이다.[1] 그 전부터 공장 건물들이 허물어지고 그 자리에
복합쇼핑몰이 들어선다는 말들이 여기저기 떠돌고 있었다.
그때도 여전히 나에게 공장은 이질적인 공간이었다.

[1] 2021년부터 2023년까지 작가 박화연, 독립 기획자 최하얀과
공동으로 기획한 공공 예술 프로젝트 '여성노동항쟁사: 아직 끝나지 않은
시다의 노래'다. 프로젝트의 참여자들은 전방과 일신방직의 여성 노동 항쟁의
역사를 수집하고 공공 예술로 재창작하는 작업을 진행했다. 2021년에는
인터뷰를 수집하고 2022년에는 김재민이, 정유승, 정한결, 조수현 작가가
함께 전시를 열었다. 2023년에는 극작가 송한울, 연출가 조수현과 함께 연극
「인터뷰: 내일의 기억」을 제작했다.

담벼락 너머로 고개를 한껏 뻗어서 누추한 건물들의
모습을 보았을 때, 내가 있는 곳과 저 안의 공간이 너무나
달랐다. 그 차이 때문에 도리어 내가 지금 어디에 있는지가
확인되는 것 같았다.

    광주 전방과 일신방직 공장의 주소는 광주광역시
북구 임동 100-3, 도로명 주소로는 북구 경양로 9이다.
임동농협 버스 정류장에 내려 공장으로 가는 길을 찾는다.
각기 다른 모양의 길과 가로수, 금이 간 연석처럼 한마디로
설명할 수 없는 이미지들이 길을 안내한다. 커다란
건물들도 표지 역할을 한다. 평화아파트와 한국 아델리움
아파트 단지를 지나면 곧 공장 담과 입구가 눈에 띈다.
    전방과 일신방직 공장의 역사는 1935년 일본의
종연방적(鐘淵紡績, 가네가후치보세키)에서 시작한다.
종연방적 공장이 광주에 들어온 건 전남 지역에 면화가
많이 생산되었기 때문이다. 면화뿐 아니라 누에고치를
키우기 위한 뽕나무밭도 많아서 1930년대 광주에는
도시제사 공장, 종연제사 공장, 약림제사 공장도 있었다.
방적 공장이든 제사 공장이든 공장 안의 습도를 유지하기
위해서는 물이 풍부해야 했다. 그 때문에 공장들은 대부분
광주천 근처에 지어졌다. 그중에서 종연방적 공장이
들어온 장소는 형무소의 농장이 있던 임동[2]이었다.
임동에는 광주천 지류가 흘러 버드나무 숲이 우거져

김용주를 친일 반민족
행위자로 명시한 일제
식민지 잔재물 표지판

있었다고 한다. 광주천 산책로를 걷다 보면 간혹 아름드리
버드나무가 보이는데 아마도 임동에는 그런 버드나무가
숲을 이루어 군집해 있었던 모양이다.

공장을 돌리고 물을 끓일 연료가 필요했던
종연방적은 전라남도 화순탄광의 연료를 가져다 쓰기 위해
기술자를 위장취업시켜 탐색한 끝에 1934년 화순탄광을
손에 넣었고 이곳에서부터 공장까지 철로를 만들었다.[3]
습도 때문에 방적 공장 내부는 사우나 같았고, 온도는
거의 40도 가깝게 치솟았다. 해방 후에 종연방적 공장은

〔2〕 임동(林洞)은 종연방직이 지어지기 전 그곳을 뒤덮은 버드나무
숲, 즉 유림수(柳林藪)에서 따온 지명이다. 버드나무가 가득하고 습한
곳이었기 때문에 주변에는 마을이 없었다고 한다. 마을은 1920년대에야
생겨나기 시작했고, 이 무렵에는 일본 농사 시험장, 광주형무소의 농장이
자리했다. 1934년 방직공장이 지어지면서 유림 숲은 거의 잘려 나갔고 주변이
개발되었다. 광주역사민속박물관, 『임동 방직공장』, 29~30쪽.
〔3〕 박선홍, 『광주 1백 년』(심미안, 2012), 280쪽.

미군정의 소유가 되었다가, 정치인 김무성의 아버지인
김용주와 미군정 통역사 김형남에게 불하되었다. 이후
전남방직으로 이름을 고쳤으나, 1961년 4월 김용주와
김형남은 각각 따로 전남방직과 일신방직으로 공장을
나누어 가졌고 전남방직은 본사를 광주에서 서울로
이전하면서 ㈜전방으로 이름을 고쳤다.[4] 전방 주변을
돌다 보면 김용주에 대한 표지판도 발견할 수 있다. 가네보
방적을 일제 식민 통치의 잔재로, 김용주를 친일 반민족
행위자로 명시한 표지판이다.

    이렇게 한쪽 길에는 김용주의 단죄문이 설치되어
있고 여성 노동자들이 착취당했던 아픈 역사를 적어
놓은 한편, 지나온 공장 정문 맞은편에는 대형쇼핑몰이
들어오기를 고대하는 임동 주민 협의회의 메시지,
'언제까지 개발을 미룰 셈인가?', '노잼도시 광주',
'대기업이 들어오겠다고 해도, 밥상 걷어차는 광주'라고
인쇄된 플래카드가 걸려 있었다. 단죄문과 플래카드는
모두 광주광역시가 전방, 일신방직 공장 부지를 어떻게
변화시킬지 보여 주는 단서다. 그동안의 개발처럼, 과거를

[4] 당시 광주 사람들은 전남방직 본사가 서울로 이전한다는 사실과
더불어 이름까지 전방으로 바꾼 것에 대해 크게 실망했다고 한다. 전남 지역의
정체성을 담은 이름을 바꾼 데 대한 일종의 배신감이었다. 이름이 바뀐 뒤에도
공장을 전남방직으로 부르는 사람들이 많았다.

최소한의 정보 형태로 간추려 기념하면서 그 외 대부분
공간에는 상업시설, 주거단지, 쇼핑몰을 지어 경제적
효과를 내도록 하는 방식이다.

애초 공장 부지를 계획하는 일의 주체는 지자체와
부동산 개발업체로 제한되어 있었다. 전방과 일신방직
부지의 계획에 지자체가 개입할 수 있었던 건 도시가 시의
계획에 따라 변화하고 개발되기 때문이다. 2020년 부동산
개발업체 휴먼스홀딩스에 넘어간 이 부지는 산업용지로
등록되어 있어 쇼핑몰을 짓기 위해서는 상업 용지로의
용도변경이 필요했다. 그리고 광주시는 용도변경과 각종
협조를 조건으로 부지 개발에 있어 공공성을 고려하도록
업체와 협상 중이었다. 광주시는 전방, 일신방직 안에 역사
문화공원을 조성해서 오래된 건축물들을 보존하려 했다.
이러한 보존과 개발을 위한 조사는 태스크포스(TF)에 속한
전문가 자문위원들이 맡았다. 이들은 공장 건축물의 보존
가치를 평가하는 과제를 맡아 진행했다.[5] 논의가 어떻게
흘러갔는지 자세히 알 수 없지만, 한 위원이 걱정스러운
표정으로 말을 아꼈던 기억이 있다.

전방과 일신방직 개발과 관련해서 정책
토론회와 수많은 회의가 있었다. 부동산 개발업체
'휴먼스홀딩스PFV'와의 사전협상과 시민 대책 위원회,

[5] 참고자료 ②

주민 협의체, 건축가, 학자 등이 모인 정책 토론회, 설계
공모, 공공기여를 어떻게 할 것인지에 대한 토론회를
거쳐 2023년 12월 5일 공공기여 비율을 확정지었다.[6]
그리고 같은 해 12월 28일에는 토지이용계획(안)도
공개됐다. 사전협상이 마무리됐다는 보도 자료의
토지이용계획(안)에 따르면 전문가들이 보존 가치에 가장
높은 점수를 준 전방의 공장 2과 건물 자리에 35미터의
도로가 가로지르게 되어 있다. 그리고 이미 보존되기로
결정되어 있던 고가수조, 화력발전소, 구 공관과 기숙사
건물만이 역사문화공원에 포함될 계획이다.

　　　이미 몇 년 전부터 공장 부지에 쇼핑몰이 들어설
것이라는 소식이 들려왔다. 2020년 7월에 공장 부지의
양도계약이 체결되었다는 보도가 나오자 시민 단체와
지자체, 주민들의 시선이 쏠리고 부동산 가격의 추이에
관심이 쏟아졌다. 보존과 개발의 논리가 충돌하고, 어느
쪽의 가치가 더 중요한지 각축이 벌어졌다. 광주에서는
이처럼 공간과 그 가치를 둘러싸고 갈등이 일어나는 일이
잦았다. 시민 단체와 전문가들은 산업 유산으로서 공장
건축물의 가치를 말하고 누군가는 땅의 위치와 너비를
말하며 개발을 통해 경제적 이익을 얻을 수 있다고

　　[6] 공공기여금은 방직공장 부지 토지가치 상승분의 54.45%,
즉 5899억 원이다. 광주시는 이 비율이 전국에서 가장 높은 수준이라고
홍보했다.

말한다. 지리학자 신혜란은 『누가 도시를 통치하는가』에서
"광주는 문화를 통한 도시개발과 도시 정치를 보여 주는
렌즈"[7]라고 말한다. 저자는 광주 도시공간이 만들어지는
과정에서 공무원, 지역 의원, 지식인과 시민 단체들 사이에
진행된 논의와 그 사이의 역학을 보여 준다. 대표적인
예시가 광주비엔날레다. 이 문화행사의 유치에는 문화로
도시 이미지를 '재생'하면서 경제를 살리려는 의도가
있었지만, 문화를 도구로 5·18이라는 이미지를 벗어나려는
게 아니냐는 비판에 직면하기도 했다.

　　『누가 도시를 통치하는가』는 문화 집단, 경제 집단,
시민사회와 관료들 사이에서 일어나는 정치적 갈등과
타협의 과정을 잘 보여 주지만, 장소를 둘러싼 정치적
갈등을 서술하고 배치하는 과정에서 제도적으로 승인되지
않은 이야기를 보여 주지는 않는다. 평범하고 일상적인
삶을 사는 사람들이 보는 도시 이미지는 통계에서 빠지고
글로도 전해지지 않기 때문이다. 하지만 일상적인 삶과
이야기들을 토대로 우리는 방직공장 부지를 둘러싼 담론에
얼마든지 개입할 수 있다. 부지 개발계획과 보도들이
조급하게 반복될수록 공장에 얽힌 수많은 이야기와

　　[7] 저자는 문화가 현재 중소도시 도시개발 전략의 중요한
키워드라고 할 때, 광주는 오랫동안 문화를 통한 도시개발과 도시 정치를
두고 씨름했던 곳이라고 주장한다. 신혜란, 『누가 도시를 통치하는가』(이매진,
2022), 20~21쪽.

이미지들은 가려지고 있지만, 오랫동안 자리한 공장인
만큼 그곳에 얽힌 기억을 가진 사람들이 많다.

누군가 공장을 보존하자고 주장하든 그렇지
않든 그가 공장과 얽힌 기억을 지닌 이상 그곳의
일부이자 주인이다. 애써 잊으려 할 뿐이지 우리는
이미 장소의 텍스트에 참여해 있다. 역사학자 미셸 드
세르토는 『일상의 발명』에서 도시는 "사람들이 실천하는
공간"이라고 말한다.[8] 그에 따르면 도시를 걷는 일은
발화하는 일이다. 말하는 일이 언어 체계를 전용하듯 걷는
일도 지형학적 체계를 전용하는 과정이고, 말하는 행위가
언어 체계를 청각적으로 실현하듯이 걷는 일은 장소를
공간적으로 실현한다.[9] 말하는 상대가 어떤 사람이냐에
따라 대화하는 방식이 달라지듯이, 어떤 길인가에 따라서
걸음걸이가 달라진다. 도시를 걷는 사람 없이 도시공간은
아무 의미가 없다. 도시를 살고 또 걷는 누구나가 도시의
주체다. 도시의 길이 지어진 데에는 어떤 목적이 있겠지만,
사람이 그 길을 걸을 때에야 비로소 그것이 실현된다.

[8] "'아래로부터', 즉 가시성이 멈추는 문턱에서부터, 도시의
일상적 실천가들이 삶을 영위한다. 도시의 일상적 실천가들은 걷는
사람들(Wandersmänner)로, 걷기는 도시 경험의 기초적인 형태가 된다.
걷는 사람들의 신체는, 그들이 읽을 수는 없지만 그들이 쓴 도시 '텍스트'의
충만하고 섬세한 부분에 복종한다." 미셸 드 셰르토, 신지은 옮김, 『일상의
발명』(문학동네, 2023), 192~193쪽.
[9] 같은 책, 200쪽.

도시가 마치 머릿속 관념대로 만들어진 환상처럼 느껴질 때, 그 안에서 내가 무력한 존재라고 느껴질 때, 세르토를 떠올리며 어디든 나가 걸어 본다. 걷는 시간만큼은 몸이 움직이는 대로, 무의식에서 길어 올린 이미지가 가리키는 대로 걸으면서 연이어 일어나는 기억을 되새길 수 있다.

늦은 저녁에 다시 공장을 방문했다. 공장 가장자리를 걸어 본다. 좁은 길을 걸을 때면 가로수를 피해서 잠깐 멈추어 서거나 수북하게 쌓인 낙엽들에 발을 푹 담가 보게 된다. 별 이유 없이 도보의 연석 위를 걸어 보기도 한다. 세르토는 보행자의 이 '어슬렁대기'를 빙빙 돌려 말하기, 딴소리, 수다를 비롯한 그 모든 표현으로 변환할 수 있다고 말한다. 나는 전방, 일신방직 공장터 주변을 지나가거나 답사했던 기억을 상기하지만, 누군가는 고통스러운 일의 현장, 피곤해서 곤히 잠들었던 장소를 떠올리며 동료들과 수다를 떨던 기억에 잠길 것이다. 그는 공장이 사라지고 부지를 관통하는 새로운 길이 뚫려도 무심코 기억을 따라 공장 둘레를 돌아가는 길로 들어설지도 모른다. 그러니까 우리가 갈 수 있는 도시의 장소는 지도나 계획서의 이미지처럼 반듯한 모양이거나 기능이 정해진 곳이 아니다. 내 걸음과 그 장소가 만나는 순간들. 기억은 리트로넬로(ritronello). 걸을 때마다 변주되어 펼쳐진다. 기억이 인도한 길은 흔적이 장소뿐만 아니라 몸에도 남아 있음을 알리는 표지다.

그린요양병원,
서울의 문래동과 광주의 유동

공동 기획자로 참여했던 프로젝트가 끝난 후 결과
자료집[1]을 찬찬히 다시 들여다본다. 들러 본 장소와
사진들을 보니 감회가 새롭다. 광주의 몇몇 시민 단체와
함께 참여했던 전방, 일신방직 답사 사진들도 있다.
공장을 둘러보면서 사람들은 대체로 안내자의 뒤를
따랐지만 몇몇은 이리저리 딴 길로 새서 서류 더미에서
무언가를 찾고 있었다. 공장 기계 조작법을 설명하는
책이나 상품의 샘플들. 버려질 것이 뻔했던 서류 뭉치
속에 노동자들의 이름도 있었다. 몇 년에 입사하고 언제
퇴사했는지, 수많은 이름들은 공장의 기계들이 다른
공장으로 옮겨지거나 고철로 팔아 넘겨지는 과정에서도
누락되었고 하물며 보존될 수도 없는 영역에 버려져
있었다.
　　프로젝트를 진행하던 중 여성 노동자들의 흔적을

[1] '2021~2023 여성노동항쟁사: 아직 끝나지 않은 시대의 노래'
결과 자료집 『끝나지 않을 시대의 노래』(2024).

그린요양병원에서 보이는
전방의 굴뚝

잘 보존하고 있다는 장소를 찾아간 적이 있다. 공장
바로 옆에 있는 그린요양병원이었다. 전방 사원 아파트
근처, 공장과 담 하나를 맞대고 있는 이 요양병원은
일반적으로 병원이 있을법한 데에 있지 않았다. 원래 이
건물은 방직공장 여공들의 기숙사였다. 공장 측이 이
건물을 세놓자, 그린요양병원이 이곳에 들어와 2009년
12월에 문을 열었다. 그린요양병원의 원장은 전방의
높은 굴뚝이 보이는 경관과 커다란 나무들을 보고 이
건물을 리모델링해 병원으로 꾸미기로 결정했다고 한다.
꽤 낭만적인 이유지만 정말 그랬다. 이 병원 안뜰에
들어서서 멀리 내다보면 넝쿨이 둘러싼 전방의 굴뚝이
보인다.

방문했을 당시 병원장은 건물에 꽤나 자부심이
있어 보였다. 원장은 이 장소의 가치를 잘 알고 있었다.
그는 다른 곳은 병실로 리모델링했지만 2층 여공들의
기숙사 공간만큼은 그대로 보존하기로 결정했다고
말했다. 그는 옛 기숙사 공간을 보고 싶다는 부탁에
선뜻 안내해 주었다. 밖으로 난 출입구를 통해서 먼지
쌓인 계단을 올라가니 불이 켜지지 않는 어두운 복도를
따라 방들이 양옆으로 쭉 늘어서 있었다. 공동 세면대와
화장실은 층마다 하나씩이었다. 문을 여니 창으로 햇볕이
꽤 따뜻하게 들었다. 그 9평 남짓한 방에 낮과 밤에
교대로 근무하는 여성 노동자들이 빼곡하게 누워 잤다.
기숙사에 놓인 신발장과 사물함은 옛 모습 그대로였다.
사물함 안에는 여성 모델의 사진이나 한글 맞춤법 자료가
곱게 오려 붙여져 있었다. 작은 방에서 여성 노동자들이
이야기를 나누거나 옷가지와 이부자리를 정리하고 공부를
하는 풍경을 상상했다. 병원 뜰의 비파나무와 향나무,
소나무도 그들과 함께 자라나고 있었을 테니 그곳은 나이
들며 살아 있는 공간이었다.

정리되지 않은 공간이지만 이상하게도 편안했다.
잡동사니들도 공간을 망가뜨리지 않을 정도로만 채워져
있었다. 딱히 보존하려고 애쓰지 않았지만 공간을
훼손하지도 않아서 기숙사 방은 거기 남은 여공들의
흔적들과 함께 자연스레 나이 들어 있었다. 이렇게 사람

여공의 기숙사 방.
사진 제공 박화연

손이 닿아 망가지거나 크게 변하지 않고 그때 모습
그대로 흘러간 세월을 간직한 장소는 쉽게 보기 어렵다.
어쩌면 이 자연스러운 느낌도 하나의 흔적일 수 있다.
그건 요양병원의 흔적이다. 그곳의 소중함을 알고 존중한
사람의 표현이다. 기숙사 방의 모습은 굴뚝이 마음에
들어 이 건물에 병원을 꾸렸다던 병원장의 말과도 통하는
부분이 있었다.

　　아쉽지만 지금 그린요양병원은 환자들과 함께 다른
곳으로 이사했다. 전남방직이 임대 계약기간보다 일찍
퇴거를 명령한 탓이다. 계약한 임대 기간이 남은 데다가
계약의 주체를 따져 보아야 하는 문제가 있어 퇴거가
적법한지 법정 공방이 일어났다. 그동안 원장은 병원을 몇
달 정도 더 운영했지만 결국 전방에 패소했고 강제집행이
일어났다. 전방 측은 환자들의 밥을 짓는 주방과 원장실을

기숙사 방 사물함에 붙어 있는
잡지 모델 사진

막아 버리고 자재들을 치웠다. 병원장은 한동안 환자들
식사로 도시락을 주문하면서 버텼지만 오래가지 못했다.
포크레인이 병원 뜰 안으로 막무가내로 들어왔고,
병원장이 이를 막으려다가 머리를 맞고 다치는 사고가
났다. 그린요양병원은 철수할 수밖에 없었다. 환자들이
다른 병원으로 옮겨 가고 모든 병원 기구와 시설들도
사라지고 난 지금, 전방은 병원 건물로 들어가는 길목에
울타리를 쳤다.

      이 공장의 경관이 지금과는 완전히 다르게 변해도
공장의 흔적이 모두 사라지지는 않을 것이다. 2022년
11월, 여성 노동 항쟁사에 관한 공공 예술 프로젝트의
기획 팀, 작가들 여러 명이 김재민이 작가의 안내로 서울

문래동을 둘러본 적이 있다. 문래동의 '문래'가 실을 잣는
물레에서 왔다는 이야기가 있을 정도로 문래동에는 방적,
방직 공장이 많았다. 1923년 한국 최초의 방직공장인
경성방직 공장이 지어진 데 이어, 1930년대에는 종연방적
공장, 동양방적 공장이 지어진다. 기계, 철강 공장과 작은
공단들이 형성되면서 영단주택 단지라는 노동자 집단
거주지가 생겨났다. 영단주택 단지와 문래동의 철강
골목에는 분위기 좋은 카페와 음식점, 술집이 들어서
사람들이 많이 찾는 장소가 됐다. 이 같은 문래동의
변화는 2015년부터 시작되었다. 오래된 공장들과 새로운
볼거리가 어우러진 문래동은 사랑받는 명소가 되었지만
임대료가 상승하면서 지금은 철공소들도 많이 사라지고
문래 창작촌에 정착했던 예술인들도 떠나가는 형편이다.
노후한 동네와 오래된 건물들이 있는 거리에서 활기가
만들어질 수 있다는 지리학자 제인 제이콥스[2]의 말을
잠깐 떠올렸지만, 1950년대 뉴욕의 조건과 지금 한국의
사정이 결코 맞아떨어질 수는 없다. 여전히 문래동을
찾아온 젊은이들이 많았지만 다양한 생태계가 서식하기는

[2] 제인 제이콥스는 『미국 대도시의 죽음과 삶』에서 오래된 건물의
이점을 낮은 임대료로 들어올 수 있는 다양한 업종과 주거 공간으로 설명했다.
제이콥스 본인이 원고 작업을 하던 건물에도 헬스클럽, 교회 실내 장식 업체,
과격한 민주당 개혁 클럽, 자유단 정치 클럽, 음악협회 등 수많은 세입자들이
들어와 있었다고 한다. 제인 제이콥스, 유강은 옮김, 『미국 대도시의 죽음과
삶』(그린비, 2010), 265쪽.

어려워 보였다.

경성방직 공장이 있었던 자리에는 영등포구
타임스퀘어가 있다. 타임스퀘어는 경성방직 공장이
2003년 9월 말 작동을 멈춘 뒤 2009년 개관했다. 현재는
경성방직 사무동만 남아서 카페로 운영되고 있다. 1936년
지어진 사무동 건물은 이전과 보수를 거쳐 리모델링되어
외관만 아니라면 완전히 새것 같았다. 환한 조명으로
눈이 부시고 사람들이 북적이는 쇼핑몰을 나오면 전혀
다른 풍경이 펼쳐진다. 타임스퀘어 옆에는 청소년 출입
금지 표지판이 붙은 홍등가와 오래된 작은 공업사들이
모여 있었다. 영등포역 주변에는 쪽방촌이 늘어서 있고
간혹 노동자들과 피난민들이 살았던 일본식 적산가옥이
눈에 띄었다. 도리어 이질적이었던 건 타임스퀘어였다.
타임스퀘어 안에서는 전혀 알아볼 수 없었던 공장지대의
흔적은 바깥에 남아 있었다. 그러나 타임스퀘어가
지어진 후부터 바깥에 남은 옛 장소들은 과거와의
맥락이 끊어지고 노후와 낙후라는 따가운 시선들을
피하기 어려워 보였다. 대체로 개발은 주변의 흔적들을
존중하고 지켜 나가면서 노후와 낙후를 완화하는 것이
아니라, 흔적들을 파괴하는 방식으로 진행되며 혐오를
부추긴다. 영등포구 문래동에는 곧 재개발 사업이
추진될 예정이다.

유동 금재로

　　문래동의 사정을 광주에도 적용해 볼 수 있다.
개발은 공장 부지를 바꾸는 것으로 끝나지 않는다. 현재
전환기를 맞고 있는 임동은 이미 몇 년 전부터 역사를
콘셉트로 한 재개발, 재건축 계획이 잡혀 있었다. 임동은
방직공장이 지어지면서 만들어진 동네로, 지금은 공장을
다니던 노동자들이 살지 않지만 거주지의 흔적은 남아
있다. 공장 노동자들은 임동과 유동, 양동에 살았다.
임동의 전방 정문에서 동남쪽으로 내려오면 유동이라
불리는 동네가 있다. 유동은 전남방직이 지어지기 전부터
약럼제사 공장이 있었던 곳이었고 지금은 그 자리에
천주의성요한병원과 북성중학교가 있다. 광주의 중심가는
아니었던 이 동네는 재개발이 계획되어 있고 곳곳이

유동 금재로

공사가 끝났거나 진행하는 중이다.

　　유동 금재로 1번 길과 북성중학교 사이에 이름 없는
골목이 있다. 북성중학교의 담에 바짝 등을 붙인 집들이
다닥다닥 붙어 있다. 이 집들은 골목 바깥 큰길 금남로를
주소로 삼았다. 석양빛이 들어오다 만 벽 한편에 허리를
한껏 굽혀서만 들어갈 수 있는 아주 낮은 문들이 달려
있었다. 집 안에 어떻게 계단이 있을까 궁금해지는 복층
주택이다. 증축된 2층과 3층을 서포트 두 개가 지탱하고
있는 건물들은 얼핏 무질서하고 위태로워 보인다. 그래도
얼마 전까지 사람이 산 흔적이 남아 있었다. 빨랫줄에
색 바랜 빨래집게가 달렸고, 굳게 닫힌 창문에는 방한용
비닐이 붙어 있다. 이 골목의 맥락은 유동과 임동 어딘가에

1918년 '광주지형도' 부분.
출처 한국학중앙연구원
디지털장서각.
동그라미 안이 복개되었을
거라 추정되는 지류이다.

있을 테지만 너무 오랜 시간이 지나 그저 짐작만 할
따름이다.

　　우연히 만난 할머니는 그 골목이 복개된
곳이라면서 비만 오면 하수구에서 물이 넘친다고 했다.
유동과 그리 멀지 않은 곳에 양동 복개 상가가 있고
그 아래는 1920년대까지만 해도 광주천과 동계천이
만나던 지점이다. 지금은 복개되어 지하를 흐르는
동계천은 무등산의 지산유원지에서부터 동계로와 양동
복개 상가까지 내려오던 하천이었다.[3] 북성중학교

[3] 광주천과 동계천에는 홍수가 잦았고 1925년 을축년 대홍수로
충장로와 광천터미널 부근까지 범람했다. 일제는 1926년부터 광주천
직강화 공사와 개수 공사를 진행했고, 광주천 주변에는 새로운 땅이
만들어졌다. 1935년에는 광주천 전 구간에 개수 공사가 시행됐고 1970년대에
양동이, 1991년에는 동계천의 거의 모든 부분이 복개된다. 김홍기, 「강
이야기2: 잊혀져 가는 광주천의 옛 모습을 찾아서」, 《하천과 문화》 8권
1호(한국하천협회, 2012), 36쪽.

곁의 골목은 금재로를 지나던 동계천의 한 지류였다.
1918년 일제 총독부가 만든 「광주지형도」에는 지금의
북성중학교로 추정되는 구역 한쪽을 둘러가는 지류가
표시되어 있다.

지류가 복개된 시기를 따져 보면 이 골목이
언제부터 있었는지를 가늠할 수 있다. 만일 1930년대에
개수 공사가 진행되면서 복개된 곳이라면 북성중,
성요한병원 자리에 있었던 약림제사 공장의
노동자들이나 임동 방직공장 노동자가 머물렀을 수
있다. 1970년대 양동 구역과 함께 복개된 골목이라면
시골에서 도시로 온 북성중 학생들 혹은 가난한
노동자들이 살던 집이었을 것이다.

주택들은 개보수를 반복해 온 듯하고 위태로워
보이지만 지금도 사람이 살고 있다. 2층 월세를
내놓는다는 종이가 붙어 있고 1층에는 골목이 조금만
시끄러워도 금방 문을 열고 무슨 일인가 내다보는
어르신들이 살고 계신다. 사람들이 부박하게 살아온
흔적은 여기에 오랜 시간에 걸쳐 덧대고 누벼지며
현재까지 이어져 오고 있었다. 과거로 한정된 기억, 승인된
보존구역이 아니라, 오랫동안 닳고 묻고 지워지다 만
도시의 흔적들이다.

비가 많이 오면 땅 아래 강물이 넘실거리듯, 이
장소에서는 옛 기억들이 이따금 넘쳐 눈을 뜬다. 누군가는

이 골목의 기억과 눈을 마주칠 수 있을 것이다. 100미터 남짓, 골목은 짧았다. 골목 밖으로 나와 도시의 사람들 틈에 섞여 들었다. 해가 저물어 밤이다.

양동 도시제사 공장의 함성

전방으로부터 아주 먼 거리는 아니다. 걸어서는 약 30분.
광주천을 건너 양동시장 가장자리를 돌면 금호아파트
단지가 나온다. 양동 61번지다. 구경도 할 겸 시장을
가로질러 가 본다. 시장 안에는 각종 수산물 냄새와 반찬
냄새가 풍긴다. 유리로 높다랗게 아치형 지붕을 만들어
놓은 시장에서 뜻하지 않게 전방과 일신방직 부지 개발에
관한 플래카드를 보게 되었다. '상생 없는 복합쇼핑몰
소상공인 다 죽인다', '소상공인과 한 차례 간담회도 없이
대기업 유치만 원하는 저의는 무엇인가?' 시장 상인들에게
복합쇼핑몰은 악재였다. 2000년대 초반 대형 할인 매장이
생겨났을 때도 위기를 겪었던 시장은 임동에 생겨날 복합
쇼핑몰 때문에 심란한 분위기였다.

고소한 기름 냄새가 풍기는 길을 지난다. 닭전머리
근방의 시장 출입구다. 닭전머리라는 이름은 닭집들이
많아서 붙여진 이름이다. 기름 냄새가 풍기던 골목에는
광주에서 유명한 수일통닭, 양동통닭집이 있었다.
닭전머리에까지 예전에는 닭집들이 많았다는데, 대체로

다 없어지고 최근까지는 성매매 집결지가 있었다. 지금은
재개발 공사가 진행 중이어서 길가에 있는 방석집,
유흥업소들은 대부분 철거됐다. 그 반대편에는 점집, 사주
집들이 죽 늘어섰다. 분홍색 간판과 시트지로 유리창을
덮은 가게들은 온통 불이 꺼져 있다. 길을 지나다니는
사람이 드물었다. 닭전머리에 있으니 오래된 주택가들
너머로 우뚝 솟은 굴뚝과 금호아파트 단지가 보인다.
굴뚝은 도시제사 공장의 흔적이다. 이미 오래전 그 기능을
잃은 도시제사 공장은 소유주가 바뀌는 몇 번의 과정을
거쳐서 다른 공장터들처럼 아파트 단지가 들어섰지만 철거
비용과 어려움 때문에 거대한 굴뚝만은 남아 있다.

　　　도시제사 공장은 1926년 5월 20만 평의 부지에
세워졌고 그곳에는 696명의 종업원이 있었다. 도시제사는
전라남도 지자체에서 기획한 공장이었다. 도시(道是)는
전라남도의 정책에 호응한다는 의미가 있다. 전남은 지역
내의 풍부한 자원인 누에고치를 지역 내에서 소비하고자
했고, 일본 오사카 일본면화주식회사와의 협의하에
도시제사 공장을 세웠다. 당시 경영주는 일본면화(주)였고
해방 이후에 이 공장은 태창직물(주)의 주주였던
백낙승에게 넘어간다. 그는 대표적인 친일 인사로, 일제에
정치금과 군수품을 납품한 기업인이자 예술가 백남준의
아버지이기도 하다. 그는 서울 영등포의 종연방직 공장을
모체로 한 고려방직 공장을 불하받기도 했다. 고려방직은

도시제사 공장의 굴뚝

이후 방림방적 공장이 되었고, 지금 그 자리에는
문래자이아파트가 세워져 있다.

　　도시제사 공장은 전남대학교의 설립과도 연관이
있다. 1951년 일제가 패망한 이후 도민들이 공장의
주식을 1주씩 나누어 갖게 되었는데, 당시 3대 전남도지사
이을식이 도민들을 설득해서 이 주식을 전남대 설립
기금으로 사용했던 것이다.[1] 이후 공장은 1954년 6월
금호그룹에게 넘어가 전남제사 공장으로 이름을 변경한다.
1970년대 초에 전남제사 공장의 기계들은 장성의
삼양제사 공장으로 옮겨 갔고 삼양제사 공장도 1998년에
문을 닫았다. 삼양제사의 공장 건물은 2004년 리모델링을
거쳐 '푸른산테크빌'이라는 산업단지로 꾸며졌으나 곧

[1] 「우리 대학 설립자 '이을식'을 아시나요?」,《전대신문》, 2019년
3월 4일.

아파트가 들어설 계획에 있다.

　　도시제사 그리고 그 이후 전남제사는 1970년대에
문을 닫아 그곳에서 일했던 노동자를 찾기는 어렵겠지만
전해져 오는 이야기나 기록은 있다. 실크를 만드는 제사공장의
노동강도는 특히나 높았다고 한다. 그때 실크는 면보다
기계화 수준이 낮아 더 많은 노동이 요구되었다. 그래서인지
도시제사 공장에서는 설립된 지 얼마 안 된 시점부터 사건이
많았다. 1929년에 여공에 대한 폭력 사건이 일어났고 이
때문에 벌어진 소동에 600여 명의 직원들이 휘말렸다는
기사가 있다.[2] 연이어 1930년 6월에는 임금인상을
강행하라는 격려문이 살포됐고[3] 이 격려문을 살포한
조직을 찾다가 도시제사 공장에서 친목회를 조직한
남녀공 10여 명이 색출 후 검거되었다.[4] 높은 노동강도와
더불어 폭력 사태도 빈번했다. 종업원 정구모가 작업이
더디다는 이유로 17세 여공 정순덕을 인사불성이 되도록
무참히 난타하기도 했다.[5] 참다 못한 여직공 500여 명은

[2] '복도'라는 직원이 여공에게 폭력을 행사했고, 이를 본
'차남진'이라는 직공 사이에 싸움이 벌어졌다. 이때 휘말린 직원들은 600여
명으로, 전 직원이나 마찬가지였다. 「광주제사공장 육백직공대소동」,
《조선일보》, 1929년 8월 25일.

　　[3] 「노임 인상의 격려문 살포」, 《조선일보》, 1930년 6월 22일.

　　[4] 「도시제사 공장의 남녀공 십여 명 검거」, 《조선일보》, 1931년
5월 6일.

　　[5] 「광주 도시공장원 공녀를 우복난타」, 《조선일보》, 1931년 8월
12일.

1932년에 대규모 총파업을 일으켰다.

> 광주 천정에 있는 전남 도시제사 공장에서는 여직공
> 500여 명이 지난 11일부터 12일까지 동맹파업을
> 단행하는 동시에 매일 아침마다 함성을 질러서 그
> 근방까지 소란할 뿐 아니라 형세가 자못 험악하였으나
> 회사 당국과 경찰의 제지로 지난 13일에는
> 취업하였으나 또 다시 14일에는 일제히 취업하지 않고
> 초지를 관철코자 항쟁하는 중이라고 한다.[6]

여성 노동자들은 파업을 하고 매일 아침 함성을
내지르며 시위에 참여했다고 한다. 그들은 대우 개선과
근무시간 단축을 이끌어 냈다. 처음에 공장 측이 거절했던
임금인상까지 결국 받아들여진다. 나아가 파업의 선동자들
77명 또한 서약서를 받아 두고 취업시키겠다는 지배인의
약속이 11월 18일 《동아일보》에 실린다.[7] 재미있는 것은

---

[6] 광주 도시제사 공장 오백여공 총파업,《동아일보》, 1932년 11월
16일.

　　[7] "별항 보도한 바의 광주에 있는 도시제사 공장의 여공 동맹파업
문제로 환산지배인은 왕방한 기자에게 대하여 직공들이 요구한 세 가지 중에
두 가지는 들어주기로 하였으며 임금 문제만은 회사가 십여만 원의 결손을
하고 있을 뿐 아니라 다른 제사공장에 비하여 우리 공장이 헐한 것이 아니니까
들어주지 못하였소이다. 그럼으로 직공들도 잘 량해하고 전부 취업하였으되
이번 사건의 선동자 칠십칠 명만은 아직 취업치 아니하였습니다마는
내일쯤은 전부 취업할 줄로 생각합니다. 희생자는 한 명도 내지 않겠사오나

도시제사 공장에서 여직공들의 저항이 성공을 거두었다는
이야기가 얼마나 빠르게 흘러갔던지, 다른 공장에서도
덩달아 움직임이 일어났다는 것이다. 학동의 종연제사
공장에서 300여 여직공들의 파업이 일어났다.[8] 도시제사
공장의 여공들이 파업을 일으킨 지 2주가 지난 11월
30일이었다.

　　종연제사 공장은 현재 광주 학동의 삼익아파트
단지가 된 부지에 있었다. 도시제사와 종연제사 공장
사이의 거리는 광주천을 따라 걸으면 한 시간 조금 넘게
걸리는 거리다. 도시제사의 여직공 500여 명이 한꺼번에
내지른 함성이 학동까지는 들리지 않았더라도 함성과
파업의 소문이 광주천 주변 아랫장, 윗장과 천변 주변
사람들을 통해서 퍼지기에 2주는 충분한 시간이다. 그
과정을 지금은 상상해 볼 수밖에 없지만, 도시제사 공장의

칠십칠 명에게는 후일을 위하여 서약서만을 받아 두고 취업시키겠습니다.”
「환산지배인담」, 《동아일보》, 1932년 11월 18일.
　　[8] “이십육일 광주군 지한면 홍림리에 있는 종연방직회사
제사공장에서는 삼백여 명 여직공이 동맹파업을 단행해 버렸음으로 회사
당국에서는 창황망조하여 즉시 광주경찰서에 보고하였음으로 심석 고등계
주임 이하 다수 경관이 현장에 출장하여 진압하였었음으로 문제는 무사히
해결되었다고 한다. 그런데 전과 같이 삼백여 명 직공들이 동맹파업을 단행한
이유를 듣건대 십여 일 전에 도시제사 공장에서 직공 오백여 명이 동맹파업을
단행하여 임금을 인상하였다고 한즉 우리들도 파업을 단행하고 임금을
인상하도록 투쟁하자고 하는 문제로 여러 날 동안 의논을 해 가지고 그와 같이
파업을 단행하였다고 한다.” 「종연제사서 삼백여공 파업」, 《동아일보》, 1932년
11월 30일.

함성 소리와 이어진 종연제사 공장의 파업은 굉장히
인상적이다. 하지만 파업 이후에도 도시제사의 문제는
끊이지 않았다. 1933년에는 감독에게 구타당한 여공에게
정신이상이 왔다는 기사도 있을 정도로 도시제사 공장은
여전히 지옥에 가까웠다.[9]

　수십 년 동안 수천, 수만의 노동자들을 고통에
몰아넣은 공장의 역사는 목포나 나주에 비해 큰 도시가
아니었던 광주를 대도시로 만든 중요한 자산으로 꼽힌다.
일제 때에는 도시제사 공장 외에도 약림제사 공장,
종연제사 공장이 각각 광주의 유동과 학동에 있었다.
목포항까지 연결된 호남선이 1922년에 생긴 이후 대형
섬유공장들이 광주에 들어섰고, 이는 광주가 지금과 같은
대도시가 된 기반이었다. 그렇다면 광주는 섬유공장의
여성 노동자들이 만든 도시라고 해도 과언이 아니다.

　공장 굴뚝을 보니 여성 노동자들의 처절한
함성이 들리는 듯하다. 그 함성은 굴뚝에만 남아 있지
않다. 양동의 닭전머리, 광주천과 학동의 삼익아파트,
광주의 국공립대학인 전남대학교, 더 멀리까지는 오사카,
백남준에까지 닿아 있다고 하면 과장일까. 도시제사
공장의 설립과 거의 동시에 일어난 파업과 저항이 오히려

　[9] 「감독에게 구타당한 여공 정신에 이상」,《조선일보》, 1933년
12월 9일.

공장의 역사라고 한다면 우리는 모두 공장의 여성
노동자들에게 빚지고 있는 셈이다. 한때 양동 도시제사
공장의 여성 노동자들이 불렀다는 노래가 있다. 그들이
가장 기뻤던 순간은 공장을 떠나던 때였다. 그들의
설움이 묻은 노래와 더불어, 도시제사의 함성이 분노와
자부심으로 찬, 이 도시의 가장 오래된 목소리로 남아
기록되길.

공장아! 잘 있거라. 나는 떠난다. 선생님, 잡지 마오. 갈
길 바빠요. 눈물 씻고 작별하는 우리 둘이는 기적 소리
한 번이면 그만이로다.[10]

[10] 「11. 임동 전방 일신방직-거긴 우리 누이들의 역사!」,《시민의
소리》, 2001년 7월 27일.

기억을 따라 걷기

밤늦게 택시를 타고 집으로 돌아가는 길이었다.
용봉택지로를 타고 용주초등학교로 들어가는 길목에서
용접기 불꽃이 튀고 있었다. 오래된 육교를 철거하는
중이었다. 철거의 이유는 보행자의 편의와 도시미화였다.
지금은 더는 도시에 육교를 짓지 않는다. 철거된 육교는
용봉천 육교라 불렸고, 용봉택지로가 복개되면서 지어졌다.
용봉택지로는 1997년에 완공된 용봉천의 복개도로이며,
당시 육교가 함께 만들어지면서 용봉천이라는 이름이 붙은
것이다. 용봉천은 용봉택지로에서 설죽로까지 이어지는
구간 아래를 흐르다 신안교 밑에서 서방천과 합류한다.
서방천은 임동으로 흘러가서 광주천과 합쳐진다. 천들이
합류하는 지점인 임동에는 여러 지류가 흩어져 습지 같은
지형적 조건을 갖추고 있었고 북성중으로 흘러가는 지류도
그중 하나였다.
            도시가 개발되고 자동차 주행을 방해하지 않도록
평평하게 만들어지면서 지형적 조건들은 갈수록 알아채기
어려워진다. 오래전 지어진 이름에서나 짐작할 수

있을 따름이다. 눈에 보이지 않는 복개된 강은 평소엔
땅 아래를 소리 없이 흐르고 있지만 엄연한 도시의
행위자다. 2020년 8월, 한반도 중부지방과 남부지방에
집중적으로 비가 퍼부었다. 수도권을 비롯한 전역에 침수
피해가 일어났고 광주에도 하루 250밀리미터가 넘는
비에 산사태가 일어나고 하천이 범람했다. 양동시장
근방과 인동 광천교 부근의 출입이 통제되었다. 서방천과
용봉천의 합류 지점에서 물은 신안교 위까지 불어나 도로
전체가 마비됐다.

　　그 여름의 어느 날 오전 나는 회의에 참여하기
위해 차를 몰고 그 도로를 지나려고 기다리고 있었다.
비는 여전히 쏟아지고 있었다. 신안교로 진입하는
구간, 물은 많이 빠졌지만 도로에는 자동차가 뒤엉키고
온갖 잡동사니가 나뒹굴었다. 경찰들이 길을 막고서
되돌아가라고 연신 경광봉을 흔들어 댔다. 묻혀 있던
용봉천과 서방천이 도로 하수구로 뿜어져 나와 도로는
강이 되고 근처 건물의 지하 주차장은 다 잠겨 버렸다.
상가에도 물이 들어차 사람들이 바가지를 들고 물을
퍼냈다. 그날 사람들은 도로가 물길로 변하는 것을, 그
물길이 어디로 흘러 들어가는지를 목격했다. 범람은
평평하게만 감각했던 도시의 지형을 가시적으로 드러냈다.
　　그 길을 지나면 그날의 범람이 함께 떠오른다.
도시 안팎이 뒤집어지는 일이 흔하게 일어나지는 않는다.

한순간의 폭발과 범람은 결코 좋은 일은 아니다. 그렇지만 우리는 이 사건으로부터 무언가를 배울 수 있다. 보이지 않는 도시의 행위자들은 얼마나 많을까. 도시제사 공장의 함성 소리나 알 수 없는 이미지가 가득한 꿈은 우리 몸속을 흐르다가 언제든 넘쳐흐를 때를 기다리고 있을지도 모른다.

　　도시를 걷는 일은 복개된 도로에서 하수구를 찾아다니며 하천의 물줄기를 가늠해 보는 일과 같았다. 공공 예술 프로젝트에 참여하면서 김재민이 작가와 함께 서울의 용산, 영등포, 인천 등지를 걸어 보았다. 그는 지금은 쇼핑몰이 되었거나 아파트 단지가 되어 버린 옛 공장의 장소나 폐공장을 찾아 그곳에서 달리기하며 영상 작업을 했다. 사라진 공장의 맥락을 찾아 일본의 가네보 공장을 비롯해 이전한 공장과 기계를 찾던 그의 또 다른 작업은 사람들과 함께 도시를 걷는 일이었다. 서울 영등포구의 기린맥주 공장과 OB맥주 공장이 있던 영등포공원, 상암 수색동 구석진 산기슭에 세워져 노후될 대로 노후된 수색아파트, 인천 북성포구와 송도의 간척지, 장성의 삼양제사 공장 자리, 닛신식품 공장이었던 대선제분 공장, 경성방직이었던 타임스퀘어, 방림방적 자리인 문래자이아파트, 모리나가 식품 자리에 들어선 제일제당, 영등포 4가의 오래된 홍등가 건물들, 갈월동의 쪽방촌 주변. 산책하러 나온 주민들과 뛰노는 아이들 틈,

목적지를 따라 움직이는 사람들과 정박해 있는 장소들
사이를 눈에 띄지 않게 걷는다.

우리는 1962년 복개된 서울의 만초천 일대를
걷기도 했다. 만초천은 일제 때의 이름인 욱천(旭川,
아사히가와)이라고도 불렸다. 만초천이 흐르던 용산
부근에는 과거 풍국제과였던 오리온제과 건물처럼
일제강점기의 건물들이 남아 있었다. 용산이안아파트 단지
근처에도 적산가옥 형태의 건물들이 많이 보였다. 용산구
문배동, 도시 깊은 곳에 욱천고가차도가 있고 그 아래에
미복개 구간이 있다. 미복개 구간을 보려면 쪽방촌을
지나야 했다. 슬레이트 지붕을 간신히 올려놓은 낮은
1층짜리 간이 건물에 나란히 방문들이 보였다. 10여 개
되는 듯한 방은 대부분 닫혀 있었지만 여름이었던 터라
몇몇 집은 방문을 환히 열어 두기도 했다. 숨을 죽이고 그
집들 사이 깊숙이 들어갔다. 프로젝트 팀원 중 가장 발랄한
친구가 마침 나와 있는 아주머니에게 인사를 하며 말을
걸었다. "안녕하세요, 저희 만초천 보러 왔어요." "그래요,
저녁이면 아주 모기 때문에 죽겠어. 잠을 못 자." 도시의
가장자리, 고가도로 아래 자리한 이 쪽방촌은 땅 밑을
흐르다가 간신히 볕으로 나온 강과 닮아 보였다.

그가 안내하는 가장자리나 틈새들은 도시 이면에
숨죽이고 있는 일상적 장소였다. 그 장소들은 함부로

사진을 찍을 수 없을 정도로 은밀하고 위태로워 보였다.
도시의 가난한 사람들은 도시의 환상이 찢겨 드러난
맨바닥과 하천에서 겨우 살아가고 있었다. 그 장소와
거기서 살아가는 사람들은 혐오나 차별에 포위당한 것처럼
보이지만, 이들에게는 도시의 환상을 까발릴 수 있는 힘이
있다. 도시의 그 연약한 부분에서부터 우리가 현실이라
믿었던 것들이 한 꺼풀씩 벗겨지기 때문이다. 그러므로
그곳은 현실보다 더, 무서울 정도로 현실적인 공간이다.
도시는 그런 장소를 견딜 수 없어 하면서 미화 사업을
벌이곤 한다.

　　　새로 지어진 신상 카페나 백화점, 쇼핑몰은
우리에게 꿈에서 깨어날 일은 없을 거라고 말하지만,
우리는 언제나 꿈을 꾸면서 깨어나기를 재촉한다고
벤야민이 그랬던가. 숱한 환상 속에서도 우리는 일상을
영위한다. 우리는 일상을 살면서 장소와 관계에 흔적을
남기고 발견하고 기억하면서 행복을 느낀다. 아무리
매끄러운 공간이라도 그곳엔 손때가 묻고 아이들은
발길질하며 자기 흔적을 남기는 법이다. 날 좋은 날, 대문
밖에 의자를 내놓고 도란도란 이야기하는 할머니들,
공장을 바삐 걷다가 동료와 복도에서 잠깐 잡담을 나누는
노동자, 도로에서 옆 차선 운전자와 인사를 나누는 택시
기사. 작은 교감으로도 우리만의 장소가 순간 나타났다가
사라진다. 이 실마리로부터 모든 장소가 우리의 일부라는

사실을 깨닫게 되면, 도시의 가장자리, 폐허와 흔적이
얼마나 귀한지도 알게 된다.

다행히 과거는 완전히 사라지지 않고 복개된
하천처럼 보이지 않게 흐르고 있다. 몇 년 뒤면 방직
공장이 있던 장소도 몰라보게 달라지겠지만 사라진 건
아니다. 어딘가를 흐르고 있을 과거는 도시의 파괴와
폭력을 증언할 기회를 기다리며 잠복해 있다. 증언의
장소와 우리의 일상이 겹쳐질 때 어떤 일이 벌어질까. 아마
그때는 도시의 불빛이 흔들리고 걸음과 기억으로 만들어진
장소가 떠오르리라.

① 2024년 1월까지의 전방/일신방직 부지 개발
협상과 논의 과정

일자	내용
2020.7.23	전방·일신방직 부지 엠비엔프라퍼티, 휴먼스홀딩스와 공장 부지 양도 계약 체결. ── 양도 시점 2021년 6월 30일 ── 공장 부지 매각가 전방(16만 1983㎡, 3660억 1400만 원), 일신방직(14만 2148㎡) 3189억 8600만 원
2020.7.28	광주광역시장, 전방·일신방직 부지의 공공성 있는 개발계획 마련 당부.
2020.9.15	전방·일신방직 공장 부지 전문가 합동 태스크포스(T/F) 회의 ── 북구 임동 공장 부지 등에서 회의(T/F 단장 김종효 광주시 행정부시장)
2021.2.24	광주시, 전방·일신방직 공장 건축물 조사 용역 중간보고. 1930년대 근대 건축물인 화력발전소, 보일러실, 고가수조와 시설물인 국기게양대를 보전키로 했고, 나머지 건축물 등에 대해서도 보전가치 판단이 필요하다는 의견이 제기됨. ── 역사·문화적 가치 판단 기초 자료 토대로 보전 방안 마련. ── 전문가·TF 소위에서 보존 원칙 등 기준안 마련해 본회의에서 논의키로 함.
2021.6.16	전남 일신방직 부지 공공성 확보를 위한 시민대책위원회 정책 토론회 "전남 일신방직! 보존과 활용 어떻게 해야 하나?"

2021.11.11	전방·일신방직 공장 부지 도시계획 변경 기본 방향 및 추진 상황 설명회
	—— 전방·일신방직 터, 전략적 중심상업지로 개발
	—— 시민 삶의 질 향상·도시경쟁력 제고 위한 개발원칙 밝힘.
	—— 역사문화 자원 보존·개발 조화 이루도록 다양한 보존 방식 활용.
	—— 상업·업무·문화 시설 등 융복합 개발, 국제적 수준 호텔 유치.
	—— 혁신·창의적 도시공간 구현 위한 설계 공모, 특별건축구역제 도입.
2021.12.13	전방, 일신방직 공장 부지 광주시, 도시계획 변경 사전협상 대상지 선정.
	—— 광주시는 전방·일신방직 측에 ▲공장 건축물 보존 기본 원칙 준수 ▲신·구도심의 균형 발전을 위한 상업·업무·문화 시설의 융복합 개발 ▲아파트 및 주거 위주의 개발 지양 ▲창의적이고 미래지향적인 도시경관 창출을 위한 설계 공모 및 특별건축구역제 도입 등의 도시계획 방향을 제시함.
2022.11.21	광주시, '전방·일신방직 부지' 관련 사전협상 착수. 21일 '휴먼스홀딩스PFV'(신영, 우미 등)가 11월 18일 광주시의 협상 조건을 반영한 전방·일신방직 공장 부지 사업계획서를 제출. 공공·민간·외부 전문가 등 사전협상조정협의회 구성…25일 첫 회의. 2023년 상반기까지 사전협상 마무리.

2022.12.7	'전방·일신방직 부지 제대로 개발·활성화 어떻게 할 것인가?' 정책토론회 개최.
	—— 광주시의회 안평환 의원 좌장, 천득염 호남학진흥원장, 함인선 광주시 총괄 건축가, 박홍근 포유건축사무소 대표, 정은채 전남일신방직 이전 주민 협의체 공동대표, 이기훈 전일방직 부지 공공성 확보를 위한 시민대책위 집행위원장
	—— 개발사업자인 휴먼스홀딩스PFV는 37.5%를, 시민사회단체 측은 60~70%를 제시하는 등 공공기여 비율에 대한 의견이 크게 엇갈림.
2023.3.17	옛 전방·일신방직 개발을 위한 국제 지명 초청 마스터플랜 설계 공모 당선작 최종 선정.
	—— 어반 에이전시(덴마크)의 '모두를 위한 도시(City For All)'
2023.5.10	광주시의회 정책토론회 '전·일방 부지 개발 공공 기여 어떻게 할 것인가?' 개최.
	—— 광주시의회 안평환 의원 좌장, 조진상 동신대학교 교수, 이영석 전 광주대학교 교수, 오주섭 광주경실련 사무처장, 소경용 ㈜휴먼스홀딩스 PFV 대표, 김유빈 지역공공정책플랫폼 광주로 상임연구원, 김종호 광주광역시 도시공간 국장
2023.12.5	전방·일신방직 부지 공공 기여 비율 54.45% 확정.
	—— 도시계획 변경에 따른 토지가치 상승분의 54.45%인 5899억 원을 공공 기여금으로 환원.

2023.12.28	광주시, 옛 전방, 일방 사전협상 마무리... 개발 절차 본격화.
	—— ㈜휴먼스홀딩스 제1차 PFV와 도시계획 변경 논의 끝냄.
	—— 공공 기여 5899억 원 확정.
	일반공업지역 → 일반상업지역 변경.
	—— 복합쇼핑몰, 특급호텔 등 전략시설 유치…근·현대 산업 유산 보존.
	—— 지구단위 계획 결정·건축 인허가 등 거쳐 2025년 착공 추진.

광주광역시 홈페이지와 일부 기사에서 재구성.

②「전방·일신방직 공장 부지 도시계획 변경 기본 방향 및 추진 상황 설명회 자료」 중 '공장건축물의 보존 및 활용가치 평가 결과', 2021년 11월 11일.

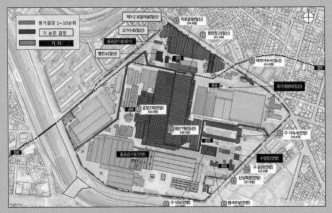

전방·일신방직 공장부지 도시계획 변경 기본 방향 및 추진상황 설명회 자료 중 공장건축물의 보존 및 활용가치 평가 결과

개발 과정에서 토지 소유주가 주도권을 전적으로 행사하게 되거나 지자체만 무력한 제동장치로 개입하게 되면서 전방·일신방직의 논의도 (일부) 보존이나 개발이라는 이분화된 논의로 흘러갔다. 2021년의 설명회에서도 드러났던 양상이다. 시청과 부동산 개발 업체가 개발의 주도권을 쥔 상황에서 전문가들이 어떤 건축물을 보존할 것인지를 평가하는 역할을 맡게 된 모양이었다. 2021년 11월 11일의 '전방·일신방직 공장 부지 도시계획 변경 기본 방향 및 추진 상황 설명회'의 결과 건축물의 역사, 문화적 가치에 대한 점수가 매겨졌다. 건축물 평가 기준은 '중대한 역사적 사건'과 관련되어 있거나 '건립 시기가 50년 이상'인 경우 혹은 '공장 시설의 특징적 공간과 형태'가 남아 있거나 '당대 노동자들의 생활상과 문화가 잘 남아 있는 건축물' 등이었으며 최고 3점을 줄 수 있도록 했고 항목이 20개였기에 최고 합계점은 60점이었다. 기보존 결정된 건축물을 제외하고 공장 2과(전방) 52.9점, 생산1팀(일신) 46.3점, 그리고 구식당, 구기숙사(전방), 원사무실(전방) 순으로 높은 점수가 매겨졌다. 나중에 알게 되었지만 점수가 높다고 해서 보존이 되지는 않았다. 이후 업체와 사전협상이 마무리되었다는 보도 자료와 함께 공개된 자료를 보면 사전에 보존 결정된 건축물을 제외한 거의 모든 건물들은 철거될 예정이다.

추천의 글

신형철이 심사해서 김서라가 당선된 2021년《광남일보》
신춘문예는 당선자가 '수상의 영예'를 안은 게 아니라
심사자가 '시상의 영광'을 누린 대표적인 사례다. 잊힌
작품으로부터 신탁처럼 건네진 질문에, 누군가가 제
존재의 일부를 걸고 답을 찾아나가면, 비평은 숭고한
글쓰기가 되기도 한다. 그것을 나는 김서라로부터 마치
처음인 듯 배웠다.

　　　이 책은 그 방법과 태도를 확장한 결과물이다.
그는 이제 도시를 읽는다. 그 위에 쓰인 자본/권력의
지배서사를, 거기 덧쓰인 배제된/저항한 사람들의
대항서사를, 행간에 쓰인 기억-흔적과 신체-파동과 소리-
풍경을 읽는다. 사진 비평가처럼, 도시사(urban history)
연구자처럼, 인류학자처럼 읽는다. 몸을 움직여 읽고, 제
삶을 섞어 읽는다.

3년 반 전 당선 소감에 그는 "광주의 여성 연구자"라는 3중의 정체성을 철필로 새기듯 적어 놓았다. 그게 얼마나 무거운 진심이었는지를 이 얇은 책이 입증해 내는 상황이 나는 좀 놀랍다. "죽도록 내버려 두는 도시에서 살기로 결심하는 일이 항의가 시작되는 최초의 힘"이라는 저자의 문장을, 지금 여기서 살아가는 모든 이들과 나누고 싶다.

신형철(문학평론가)

광주의 길과 골목들을 걷다 보면 여기에 어떤 시간들이 존재했을지 가만히 생각해 보게 될 때가 있다. 계획에도 없이 그러나 이끌리듯 멈춰 서서 들여다보게 만드는 흔적들을 두고 『이미지와 함께 걷기』는 거기에 어떤 목소리와 존재들이 있었는지 여러 시간을 오가며 살피고 귀 기울여 우리에게 전한다. 광주를 만든 것은 여공들의 목소리였고 이제 그 흔적은 개발로 대부분 사라지겠지만 그럼에도 어딘가에 남고 떠돌고 그리하여 이어진다는 것을 김서라의 글은 보여 준다. 모두 김서라의 광주를 함께 걷기를 바란다. 그리고 소리 내기를 바란다. (그리고 다시 한번 더)

박솔뫼(소설가)

이미지와 함께 걷기

1판 1쇄 찍음	2024년 8월 9일
1판 1쇄 펴냄	2024년 8월 16일

지은이	김서라
발행인	박근섭, 박상준
펴낸곳	(주)민음사

출판등록	1966. 5. 19. 제16-490호
주소	서울특별시 강남구 도산대로1길 62(신사동)
	강남출판문화센터 5층 (우편번호 06027)
대표전화	02-515-2000
팩시밀리	02-515-2007
홈페이지	www.minumsa.com

ISBN   978-89-374-2808-1 03300

* 잘못 만들어진 책은 구입처에서 교환해 드립니다.